KB261351

통일을 넘어 평화로

이문식 목사의 통일 설교
통일을 넘어 평화로
이문식 지음
홍성사.

차례

머리말 6

통일 설교 일곱 편

머리말

얼마 전 개성을 남한 차로 다녀왔습니다.

군사분계선을 지나고 개성공단을 통과하여 개성 시내를 거쳐 개성역까지 갔습니다.

선죽교도, 고려 왕릉도, 박물관에도 갔습니다.

참으로 깊은 감회가 솟아올랐습니다.

'문익환 목사님은 꿈속에서 평양행 기차표를 사려고 그렇게 몸부림을 치셨는데, 나는 직접 남쪽 차를 몰고 개성에 들어서다니……. 이게 꿈인가? 생시인가?'

통일도, 평화도 아직 멀지만, 그래도 어느덧 봄기운이 도네요.

마치 통일의 봄바람인 듯 복음주의권에선 '통일한국대회'가 열리고, 진보진영에선 '인간띠잇기운동'이 열린다는 소식이 스쳐옵니다.

이른바, 통일조춘(統一早春)입니다.

그동안 〈목회와신학〉에 실렸던 설교와 교회에서 전한 통일 설교 몇 편을 다시 정리하여 세상에 내놓습니다.

　길가에 핀 들꽃처럼 들쭉날쭉 제멋대로이지만, 통일로 가는 길목에 한번쯤 발걸음 멈추시고 살짝 그 향기 맡아 주셨으면 하는 마음입니다.

2007년 6월에, 이문식

더 나은 피

말씀_**창세기** 4:1-15; **히브리서** 12:24

새 언약의 중보이신 예수와 및 아벨의 피보다 더 낫게 말하는 뿌린 피니라(히 12:24).

창세기 4장 1-15절 말씀은 인류의 첫 살인, 첫 폭력, 첫 증오, 첫 추방에 관한 말씀입니다. 역사 속에서 벌어지는 모든 전쟁, 분열, 대립, 그리고 모든 증오는 그 뿌리를 이 말씀에 두고 있습니다. 이 첫 미움과 살인과 증오에 관한 하나님의 말씀을 깊이 묵상하는 가운데, 이미 60여 년을 이어오는 남북분단의 아픔을 주께서 치유해 주시기를 원합니다.

아벨의 핏소리

가인이 동생 아벨을 들에서 살해했습니다. 하나님께서 가인에게 나타나셔서 그 땅에서 들은 첫 번째 소리가 아벨의 핏소리였다고 말씀하십니다. 하나님께서 들으시는 **두 핏소리**가 있습니다. 그중 하나가 바로 이 본문에 나오는 아벨의 핏소리입니다. 다른 하나는 '아벨의 피'보다 더 나은 '예수의 뿌린 피'(히 12:24)입니다. **아벨의 흘린 피와 예수의 뿌린 피**가 하나님 앞에 있습니다. 주께서 이 두 소리를 들으십니다.

먼저, 하나님이 들으시는 아벨의 핏소리에 대해 생각해 봅시다. 가인과 아벨 사이의 갈등의 기초는 문화나 정치, 이데올로기의 문제라기보다는 영적인 문제, 종교적인 문제였습니다. 왜 가인이 아벨을 죽이게 되었습니까? 성경은 하나님께서 가인의 예물은 받지 않으시고 아벨의 예물만 받으셨기 때문이라고 말합니다.

> 아벨은 자기도 양의 첫 새끼와 그 기름으로 드렸더니 여호와께서 아벨과 그 제물은 열납하셨으나 가인과 그 제물은 열납하지 아니하신지라 가인이 심히 분하여 안색이 변하니(창 4:4-5).

하나님께서 왜 가인의 예물은 거절하시고 아벨의 예물만 받으셨을까요? 많은 사람들은 두 예배에 차이가 있었기 때문이라고 생각합니다. 분명히 차이가 있긴 있습니다.

아벨은 아버지와 어머니에게서 받은 그 신앙의 교훈을 마음에 깊이 새긴 사람이었습니다.

인류가 범죄해서 하나님 앞에서 쫓겨났고 사망의 선고를 들었지만 이 땅에 흘려진 최초의 피는 사람의 피가 아니라 짐승의 피였습니다.

여호와 하나님이 아담과 그 아내를 위하여 가죽옷을 지어 입히시니라(창 3:21).

에덴동산에서 하나님께서 짐승을 잡아 그 가죽으로 아담과 하와의 옷을 지어 입히셨습니다. 무화과나무 잎으로는 도저히 가릴 수 없었던 그들의 수치와 범죄를, 하나님께서는 한 짐승을 피 흘리게 하심으로써 가려 주셨습니다. 이 사건으로부터 이미 그리스도의 구속의 원리가 에덴동산에서 계시되고 있었습니다.

하나님께서 아담과 하와에게 이 계시를 주셨기 때문에 짐승의 피로 제사드리는 것이 하나님 앞에 어떤 의미를 갖는지를 아벨은 마음속 깊이 새겼을 것입니다. 양의 첫 새끼를 하나님께 드릴 때 아벨의 마음속에는 부모로부터 물려받은 하나님의 구속 계시에 관한 깨달음이 분명 있었을 것이라고 저는 생각합니다(히 11:4).

가인의 자기절대성

그러나 하나님께서 직접적으로 지적하시는 바, 가인의 예물을 받지 않으셨던 진정한 원인을 살펴보면 예배를 드리는 두 사람의

중심과 태도에 차이가 있었음을 알 수 있습니다. 우선 5-6절에
서 하나님께서 이렇게 말씀하십니다.

> 가인과 그 제물은 열납하지 아니하신지라 가인이 **심히 분하여
> 안색이 변하니** 여호와께서 가인에게 이르시되 네가 **분하여 함
> 은 어찜이며 안색이 변함은 어찜이뇨**

하나님께서는 먼저 가인의 안색이 변한 것을 지적하십니다. 우
리는 여기서 가인이 예물을 드릴 때 가졌던 마음의 자세를 엿볼
수 있습니다. 가인은 이런 태도를 가졌던 것입니다.

'하나님, 오늘 제가 이 농산물로 예배를 드리는데 제 예배를
하나님께서는 받으셔야만 합니다. 제 예배는 거절될 수 없습니
다.'

가인은 자신이 드리는 예배에 대해 너무도 당당합니다. 자신의
예배는 하나님께서 꼭 받으실 것이라는 확신이 넘치고 있습니다.
마치 바리새인들이 자기의(self-righteousness)에 충만해서 자신의
기도를 꼭 들어주실 것이라고 확신하는 모습과 같습니다. 자신의
노력과 모든 소산물을 아무리 하나님께 드려도 타락한 인간의 죄
를 가릴 수 없다는 죄의식과 겸허함이 가인에게는 전혀 없습니
다.

그는 자기의로 꼭 차 있습니다. 그러니 하나님께서 예배를 거
절하시자, 자신의 예물을 받으시지 않았다고 분노하며 안색까지
도 변한 것입니다. 자기절대화에 빠져 있던 가인의 마음이 하나

님 앞에 드러난 것입니다. 가인은 하나님 앞에서조차도 자기를 상대화할 줄 몰랐습니다. 하나님 앞에서까지도 '당신은 내 예배를 받으셔야 됩니다. 그런데 내 예배를 거절하다니……' 하고 분노하며 서 있습니다. 이것은 한마디로 '자기절대성', 소위 '자기 우상화'에 빠진 모습입니다.

자아가 너무 굳센 분들은 하나님 앞에서 늘 조심해야 합니다. 자신이 항상 옳다고 판단하시는 분들은, 하나님께서 자신의 생각에 동의해 주시지 않을 때 안색이 변할 수 있습니다. 자기의가 지나치게 강하고 자신의 생각을 항상 절대적으로 여기는 사람들은 하나님이 동의해 주시지 않을 때에 분노를 느끼고 그 마음에 고통을 당합니다. 그리고 하나님께서 다른 사람을 인정하시는 것을 견디지 못합니다.

하나님이 가인을 인정하지 않고 동생 아벨을 인정하자, 그때부터 형 가인은 아벨을 그의 동생으로 생각지 않았습니다. 동생을 하나님께 나아가는 길을 가로막는 걸림돌로 생각합니다. 시기와 질투의 대상, 차라리 제거해 버리면 좋을 대상입니다. '저자만 없었으면 내가 하나님 앞에 홀로 나아갈 텐데' 하고 생각합니다.

가인은 결국 이 시기와 미움 때문에 아벨을 죽입니다. 속에서부터 끓어오르는 증오와 분노를 그는 다스리지 못합니다. 하나님께서는 "네가 선을 행하면 어찌 낯을 들지 못하겠느냐 선을 행치 아니하면 죄가 문에 엎드리느니라 죄의 소원은 네게 있으나 너는 죄를 다스릴지니라"(7절)라고 말씀하셨습니다. 하나님께서는 가인에게 "죄가 지금 문밖에서 마치 어떤 희생물을 덮치려는 것처

럼 너를 향하여 웅크리고 너를 공격하고 너를 사로잡으려 하고
있다. 죄의 소원(죄가 너를 지배하려는 마음)이 너를 향하여 가득
있지만 그러나 내가 말하노니 너는 그 죄를 제발 다스려라! 이겨
라. 그 죄의 소원(지배)을 극복하라”고 하셨습니다. 그렇지만 가
인은 죄의 소원, 죄의 지배를 극복하지 못합니다. 오히려 죄에
사로잡혀 동생을 죽였습니다. 우리는 여기서 인류 최초의 살인이
일어난 그 뿌리를 볼 수 있습니다. 하나님 앞에서 자기의 생각과
삶의 방식이 절대적이라고 주장하는 사람들이 형제를 죽입니다.

오늘 우리 민족의 분단은 어떻게 시작되었습니까? 약 4백만
명에 이르는 사람들이 6·25전쟁으로 죽었습니다. 이 4백만 명의
아벨의 피가 이 땅에서 왜 흘려졌습니까? 이는 가인의 자기절대
성, 이데올로기에 그 원인이 있습니다.

가인과 이데올로기

이데올로기의 본질은 자기우상성과 자기절대성입니다. 이데올
로기는 원래 철학으로부터 시작했습니다. 철학이란 어떤 사물을
비판하고 판단하되 그 자체도 비판을 받고 상대화되기도 하고 폐
기될 줄도 알아야 됩니다. 그런데 철학이 철학의 자리를 떠나서
종교의 자리로 들어오면 그때부터 비판을 허용하지 않습니다. 스
스로 절대적이라고 주장합니다. 이런 ‘철학의 종교화 현상’을 학
자들은 ‘이데올로기’라고 규명합니다. 철학이 이데올로기가 되어

종교의 자리로 올라서기 시작하면, 이 이데올로기에 반대하는 사람들을 가혹하게 죽입니다. 이데올로기를 실현하기 위해서 무슨 일이든 무슨 수단이든 다 동원합니다.

사회주의와 자본주의라는 두 이데올로기가 절대성을 갖기 시작했을 때 이 땅에 전쟁이 벌어졌고, 형제의 피, 아벨의 피가 흘려진 것입니다. 그래서 기독교는 모든 '이즘'(ism)을 반대하는 것입니다. 기독교는 그 어떤 '이데올로기'도 '이즘'도 '주의'도 반대합니다. 이데올로기가 종교의 자리에 올라서서 역사의 유토피아를 만들겠다면서 일으켰던 모든 혁명 과정에서 흘린 무수한 피들에 대해서 역사는 우리에게 고발하고 있습니다. 하나님은 나라 사랑과 민족 사랑이 '이즘'으로 변해서 절대화되는 것도 물리치십니다. 민족주의가 절대화되기 시작하면 다른 민족 짓밟기를 쉽게 여깁니다. 독일 나치즘과 일본 군국주의가 그랬습니다.

자본주의에 대해서도 한번 생각해 봅시다. 자본주의 사회에서는 돈이, 자본이 하나님의 자리로 올라갑니다. 그때부터 돈은 더 이상 우리의 생활을 편리하게 해 주는 교환수단이 아닙니다. 그때부터 돈은 '맘몬'이 됩니다. '황금신'이 됩니다. 그리고 사람을 지배합니다. 그 결과가 무엇입니까? '소유'와 '소비'의 욕구에 사로잡힌 인간입니다. 끝없이 소유하고 소비해야만 마음에 평안을 누리는, 돈에 중독되어 물신숭배의 노예가 되어 버린 비참한 인격으로 전락해 버립니다.

반면 돈이 없어서 돈에 지배당하는 사람들이 있습니다. 돈 가진 사람들에게 증오를 품는 사람들도 있습니다. 이런 사람들은 자본주의 사회의 불특정다수에게 분노를 표출하는 사회 병리적 사건을 일으킵니다. 이들이 철학적 이데올로기를 가지면 '체 게바라'가 되고, 조직을 가지면 '조폭'이 되고, 증오와 보복심만 가지면 '버지니아 공대 총격 사건을 일으킨 조승희'처럼 되는 것입니다.

우리는 어떤 사상이나 철학이 하나님의 자리로 올라가는 것을 두려워해야 합니다. 그때부터 아벨의 피가 땅에 흘려지기 때문입니다. 우리 한반도는 이데올로기에 의해서 신음해 왔습니다. 지금도 저 북녘 땅에는 그 사상 때문에 죽어 가는 수많은 아벨들이 있고, 남한에는 다른 형태의 아벨들이 있습니다. 이데올로기 때문에 형제 살해의 전쟁인 6·25를 치른 것입니다.

땅에서의 추방 : 분단

오늘 가인에게 과연 어떤 형벌이 임했습니까?

> 땅이 그 입을 벌려 네 손에서부터 네 아우의 피를 받았은즉 네가 땅에서 저주를 받으리니 네가 밭 갈아도 땅이 다시는 그 효력을 네게 주지 아니할 것이요 너는 땅에서 피하며 유리하는 자가 되리라(창 4:11-12).

땅에서의 추방이 가인에게 임한 하나님의 심판입니다. 아벨의 피를 '땅'이 입을 벌려 받아 마셨고, 아벨의 피가 '땅'에서 울부짖습니다. 그 결과 가인은 '땅'에서 저주를 받고 영원히 '땅 위'에서 안식을 누리지 못하고 유리하는 존재가 된 것입니다. 성경에서 '땅'은 하나님의 기업이요, 축복의 터전입니다. 인류는 '땅'에서 하나님의 일반은총을 누리며, 이스라엘은 '가나안 땅'에서 하나님의 특별은총을 받습니다. 따라서 땅의 축복은 하나님께 순종할 때 오는 것입니다. 이스라엘은 하나님의 율법에 순종할 때 가나안 땅에서 하나님의 복을 누리며 하나님의 나라를 세우는 영광을 누렸지만, 패역하고 불순종했을 때 남북분열을 겪고 땅에서 추방당했습니다. 이스라엘이 가나안 땅에서 의인들과 선지자들의 피를 흘렸을 때 바벨론의 포로로 전락하였으며, 하나님의 평화(Shalom)와 안식을 상실하고 유리·방랑하는 신세가 된 것입니다.

우리 민족이 세계 평화의 변두리에서 지난 100년을 머물고, 허리가 잘린 민족이 된 것은 바로 이 한반도에서 행해진 '형제살해'의 죄 때문입니다. 한말 조선의 기득권 세력이 청나라와 일본의 군대를 동원해서 우리의 동학교도들을 무참히 죽인 사건이 한국 근대사에 나타난 첫 아벨의 피였습니다. 이 사건 이후 조선은 일본에 망하고, 일제 식민지 지배 36년이 시작되었습니다. 그후 우리 민족은 일제하에서도 사회주의 진영과 민족주의 진영으로 나뉘며 분열하다가 일본 군국주의 이데올로기인 신사참배의 우상숭배 앞에 무릎을 꿇더니, 해방 후에는 냉전 이데올로기를 넘어서지 못하고 남북분단의 죄를 범하고, 결국 6·25라는 형제

살해의 전쟁까지 치렀습니다. 그러니 수많은 아벨의 피가 부르짖는 이 땅에서 우리가 어찌 하나님의 평화와 안식을 누릴 수 있겠습니까? 우리 민족이 이 평화통일의 한반도에서 쫓겨나 지난 반세기를 분단체제 속에서 신음하는 것도, 어찌 보면 하나님의 심판이라고 아니할 수 없습니다.

그 나라와 의

1,2차 세계대전 후 세계 여러 나라가 분단되었습니다. 그중 독일이 분단된 것은 그들이 2차 세계대전의 전범이었기 때문입니다. 1993년에 저는 독일의 교회 지도자들을 만난 적이 있습니다. 그런데 한결같이 하는 말이 자신들은 독일의 통일을 위해서 기도해 본 적이 없다는 것입니다. 저는 깜짝 놀라며 그게 무슨 소리인지 되물었습니다. 그러자 그들은 이렇게 얘기합니다.

"우리가 분단된 것은 2차 세계대전에서 우리가 저지른 죄, 유럽에서 수많은 유대인들의 피를 흘리게 한 그 죄값으로 받아들였기 때문에 회개하기에 바빴고 감히 통일을 달라고는 못했습니다."

동독 라이프치히에 있는 성 니콜라이 교회에서 일어났던 기도운동이나 베를린의 겟세마네교회에서 일어났던 기도운동은 모두 통일을 위한 기도운동이 아니라, 이 땅에 평화를 달라고 기원하는 평화를 위한 기도운동이었을 뿐이라고 독일 복음주의교회의 체디스 목사님은 말했습니다.

"우리는 그저 하나님의 나라와 평화가 이 땅 위에 이루어지기만을 기도했는데, 하나님께서는 독일 통일을 선물로 주셨습니다."

저는 이 고백에서 참 많은 것을 배웠습니다. 우리는 '통일지상주의'에 빠져서도 안 됩니다. 끊임없이 통일을 바라보고 노력하고 기도하면서도, 지금 이 분단 현실 속에서 '하나님의 나라와 의'를 구하는 일에 애쓰는 것이 바로 통일을 가장 잘 준비하는 길입니다. 저는 그러한 삶을 '정의와 평화를 구하는 삶'이라고 생각합니다. 통일은 이런 삶에 더하여 주시는 하나님의 은총으로 우리에게 다가와야 합니다. 그래서 평화 통일이어야 하는 것입니다. 평화의 영으로, 평화의 과정을 거쳐, 결과가 평화인 통일이 하나님 나라와 의에 합당한 통일인 것입니다.

평화와 정의라는 우선순위가 바로 된 공동체에 은총으로 더하여지는 것이 분단국가에서는 통일로 임하는 것입니다. 그래서 통일은 하나님의 은혜로 오는 것이어야 합니다. 통일이 된 뒤 우리가 '노력'해서 통일됐다고 생각하거나, 어떤 '정치가의 힘'으로 됐다고 생각하거나, 어떤 '군사의 힘'으로 됐다고, 혹은 '경제의 힘'으로 됐다고 생각하면 통일 후에 생기는 문제가 훨씬 클 것입니다. 통일에 기여했다고 생각하는 정치세력이나 기업, 혹은 개인이 통일 기득권을 주장하며 서로 갈등하고 대립하는 모습이 펼쳐질 게 너무도 분명하기 때문입니다. 그러므로 겸손하게 그 나라와 그 의를 구하려는 자세를 먼저 가져야 합니다. 아벨의 피로

물든 이 땅을 오직 주님께서 고쳐 주시고, 주님께서 치료해 주시고, 주님께서 하나가 되게 해 달라고 부르짖읍시다. 그리고 그 결과 통일을 주님의 선물로 받을 때 진정한 은혜가 있는 것입니다.

오늘 아벨의 흘린 피는 가인을 고발하고 정죄합니다. 이 아벨의 피는 우리 모두를 죄인으로 정죄합니다. 오늘날 이 한국 땅에서 벌어지고 있는 신자유주의 체제의 황금숭배 때문에 희생당한 수많은 사람들에 대한 책임을 하나님께서 과연 누구에게 물으시겠습니까? 그러한 문화와 풍조를 만들고 거기에 동참해 살아간 우리를 하나님께서 다 '이 시대의 가인'이라고 정죄하시지 않겠습니까?

최근 사회 양극화 현상으로 말미암아 '아노미 자살'이 늘고 있습니다. IMF 이후 주로 40대 남성들의 아노미 자살이 급격히 늘고 있다고 합니다. 이러할 때 우리 주께서 "너희들이 물신주의 풍조에 따라 살면서 그런 경제적 소외를 만들어 놓았기 때문에 그들이 그렇게 죽어 갔다. 따라서 너희들은 바로 이 시대의 가인이다"라고 말씀하시지 않겠습니까? 우리가 가난한 자들을 긍휼히 여기는 '긍휼사역'을 충분히 하지 않았기 때문에 소외된 자들의 박탈감이 자살 혹은 타살 욕구로 변해서 그들이 죽은 거라며 하나님이 우리에게 연대적 책임을 물으시지 않겠습니까?

사실, 이 땅에 살아 있는 우리 모두는 다 가인입니다. 이 땅에 벌어지고 있는 이 참혹한 일들에 대해서 우리 중 어느 누구도 책임을 회피할 수 없습니다. 아벨의 핏소리를 들으신 하나님 앞에서 우리는 다만 손들고 부르짖을 수밖에 없습니다. 이처럼 아벨의 피는 우리를 정죄하고 심판에 이르게 합니다. 우리를 죄인이라고 고발하며, 우리의 양심과 우리의 의의 한계를 보게 하고, 우리의 죄와 이기심의 뿌리를 보게 합니다.

예수의 뿌린 피

그런데 하나님 앞에서 이 아벨의 피만 있다면, 우리는 그저 절망하고 무한히 좌절할 수밖에 없습니다. 왜냐하면, 이 아벨의 피는 우리를 고발과 정죄와 심판으로 귀결시키기 때문입니다. 그러나 성경에 보면, 하나님께서 이 '아벨의 피보다 더 나은 피'를 준비하셨다고 말합니다(히 12:24). 여기서 '더 나은 피'는 '완성된 피'라는 의미입니다. 예수님의 피는 아벨의 피를 완성하는 피입니다. 그런데 그 완성, 성취를 설명하면서 오늘 본문은 '뿌린 피'라고 했습니다. '뿌린 피'란 무엇입니까? 그것은 구약의 제사장들이 우슬초에 짐승의 피를 적셔 뿌리게 함으로써 죄를 정결케 하는 '속죄의 피'인 것입니다.

그렇다면 '아벨의 피'보다 더 나은 '예수의 뿌린 피'란 무슨 뜻입니까? 오직 예수님의 뿌린 피만이 아벨의 피의 저주로부터 우리를 회복시켜 준다는 말입니다. 그래서 교회는 하나님 앞에서 예수의 뿌린 피를 주장해야 합니다. "하나님, 이 땅을 치료해 주십시오. 아벨의 흘린 피만 보지 마옵소서. 그 흘린 피에 정죄당해서 죄벌이 중하다고 고백하고 부르짖는 저희 가인들을 향해 친히 주께서 '뿌린 피'를 흘리지 않으셨습니까? 그러니 그 뿌린 피에 근거하여 이 죄를 용서해 주십시오. 하나님, 과거 전쟁과 분단의 60년 근대사 속에서 가인의 자리에 서 있을 수밖에 없었던 우리를 용서해 주십시오" 하고 부르짖어야 합니다.

아벨의 흘린 핏소리 앞에 정죄함을 받고, 그 핏소리에 의해 심판받아야 되는 사람들은 절대로 평화의 땅에 정착해 살 수 없습니다. 불안과 고통의 땅을 방랑하는 인생이 됩니다. 세계의 평화에서 쫓겨나 방랑하고 있는 가인 중의 하나가 지금 우리 '한민족'입니다. 우리가 통일 가나안을 회복하기 위해서는 속히 이 아벨의 정죄로부터 풀려나야 합니다. 평화의 땅, 은총의 땅, 통일 조국으로 들어가기 위해서는 이 아벨의 흘린 피에 의한 정죄함에서 벗어날 수 있어야 합니다. 그런데 이는 정치적 노력으로 되지 않습니다. 문화적 노력으로 되지 않습니다. 경제력으로도 되지 않습니다. 군사력으로는 더더욱 되지 않습니다. 오직 아벨의 정죄로부터 풀려날 수 있는 유일한 길은 과연 무엇이겠습니까?

새 언약의 중보이신 예수와 및 아벨의 피보다 더 낫게 말하는 뿌린 피니라(히 12:24).

오직 아벨의 피보다 더 낫게 말하는 예수의 뿌린 피가 우리 안에 일어날 때에 가능합니다. 우리 민족의 진정한 화해는 이때에 시작됩니다. 이 분단의 시대, 수많은 아벨들의 핏소리가 일어나는 이 질고의 시대에서 교회만이 할 수 있는 유일한 일이 한 가지 있습니다. 하나님 앞에서 아벨의 피보다 더 낫게 말하는 '예수의 뿌린 피'를 주장하는 것입니다.

"하나님, 화해의 근원인 예수님의 피가 이 땅에 뿌려짐으로부터 남북 화해가 시작된다는 것을 우리로 하여금 다시금 알게 하옵소서. 우리 민족의 죄를 용서해 주옵소서."

이 땅에 더 이상 아벨의 피를 흘리지 않게 하는 일은 오직 하나님의 은혜의 보좌에서부터 시작됩니다.

그러므로 인간의 절대화로부터 시작된 이 이데올로기의 싸움(냉전)과 증오와 피 흘림, 전쟁, 분단의 모든 문제는 종교적인 문제입니다. 이것을 꿰뚫어 보고 하나님 앞에서 예수의 피를 간구하는 사람들이 우리 시대에 무수히 일어나야 합니다. 화해와 용서, 평화를 이루는 예수의 뿌린 피에 대한 믿음을 가지고 새로운 평화통일의 길, 정의와 공평의 길로 나아가는 사람들이 일어나야만 됩니다. 참된 하나 됨과 용서와 화해를 이 땅 위에 이루어 내고, 잃어버린 땅, 쫓겨난 땅, 허리가 두 동강 난 이 땅을 회복할 수 있는 유일한 길은 오직 예수의 뿌린 피에 대한 믿음으로 나아가는 하나님의 사람들을 통해서만 시작될 수 있습니다.

브니엘

말씀_ **창세기** 32:1-32

그러므로 야곱이 그곳 이름을 브니엘이라 하였으니 그가 이르기를 내가 하나님과 대면하여 보았으나 내 생명이 보전되었다 함이더라(창 32:30).

야곱과 에서가 만나는 장면은, 남한 그리스도인들이 지난 60년간 너무도 이질적으로 살아온 북의 형제들을 만날 때 어떤 자세를 가져야 하나님이 은혜를 베푸시는 만남이 될 것인지에 관해 몇 가지 중요한 교훈을 주고 있습니다.

야곱은 삼촌 라반의 집에서 20년 이상 더부살이하다가 이제 고향으로 돌아가고 있습니다. 그는 하나님께 했던 벧엘의 서원과 약속을 의지하여 돌아갑니다. 야곱은 가나안 땅을 떠나올 때 벧엘에서 하나님의 사닥다리를 꿈에 보았고, 그때 하나님 앞에 돌단을 쌓고 기름을 부으면서 "하나님, 만일 저를 다시 이 땅으로 돌아오게만 해 주시면 제가 십일조를 드리며 하나님께 충성하며 살겠습니다"라고 서원했습니다. 그 후로 20년이 지난 지금, 야곱은 드디어 그 서원을 기억하며 가나안 땅으로 돌아가기로 결심한 것입니다.

가나안 땅으로 돌아가는 야곱은 하나님의 말씀과 약속에 의지하여 가고 있습니다. 그러나 그가 벧엘로 가는 길은 그리 평탄하지 않습니다. 돌아가야 할 그곳에는 형 에서가 있었습니다. 에서는 동생 야곱에게 장자의 축복권을 빼앗긴 원한 때문에 야곱이 돌아오는 것을 용납하지 못하고 있었습니다. 그들은 오랜 세월 떨어져 있으면서 너무나 다른 삶을 살아왔습니다. 두 형제 사이에 진심어린 만남은 한 번도 없었습니다. 그렇기에 야곱은 에서를 만나러 가는 길이 두렵습니다. 하지만 야곱은 하나님의 말씀에 의지하고 하나님께 드렸던 자신의 기도를 기억하며 돌아가기로 결정한 것입니다.

약속을 받았으나 의심하는 야곱

약속의 땅으로 돌아갈 것을 결정한 야곱의 모습은 참신앙인의 모습이요, 하나님의 사람다운 모습입니다. 그래서 하나님이 돌아오는 야곱을 천사로 맞이하십니다.

야곱이 그 길을 진행하더니 하나님의 사자들이 그를 만난지라 야곱이 그들을 볼 때에 이르기를 이는 하나님의 군대라 하고 그 땅 이름을 마하나임이라 하였더라 (창 32:1-2).

돌아오는 야곱을 하나님이 기쁘게 보셔서 천사들을 보내어 영접하고 맞이하신 것입니다. 그런데 이 천사는 보통 천사가 아니라 군대 천사였습니다. 군대 천사도 보통 군대가 아니라, ‘마하나임’ 즉 ‘이중 군대’였습니다.

주께서 홀연히 야곱의 영적인 눈을 열어서 두 겹으로 둘러싼 하늘 천사들을 보게 하셨습니다. 이것은 분명히 하나님의 은혜입니다. 원한과 증오로 무장되어 있는 형 에서를 만나러 돌아가는 길에 강대한 군대 천사가 에워싸며 “두려워하지 말라. 하나님을 의뢰하고 돌아오는 너를 내가 이처럼 하늘 천사로 보호하리라. 하늘 군대가 너를 지켜줄 것이다”라는 약속이 선포되고 있는 것입니다.

만일 내가 이런 약속을 받았다면 얼마나 든든하겠습니까? 만일 우리가 이런 계시를 받았다면 얼마나 담대함으로 두려움 없이 하나님 앞에 나아갈 수 있겠습니까? 하지만 야곱은 간교한 삼촌 라반 밑에서 너무 오랫동안 살아와서 그런지, 무엇이든 의심하고 돌다리를 열 번이라도 두들겨 보고 건너는 습관이 생긴 것 같습니다. 이 약속 앞에서도 여전히 그는 인간적인 방법을 포기하지 못합니다. 하나님의 은혜는 은혜이고, 사람으로서 할 수 있는 모든 방법을 써 봐야 되겠다고 생각했습니다.

야곱은 물질을 가지고 형의 마음을 녹이기로 작정했습니다.

또 너희는 말하기를 주의 종 야곱이 우리 뒤에 있다 하라 하니 이는 야곱의 생각에 내가 내 앞에 보내는 예물로 형의 감

정을 푼 후에 대면하면 형이 혹시 나를 받으리라 함이었더라
(20절).

야곱은 라반 밑에서 혹독한 세월을 보냈습니다. 사람은 보통
좋은 사람 만나 그런 분 밑에서 자라면 인격이 삐뚤어지지 않고
온전하게 성숙합니다. 그러나 혹독한 사람을 만나면 그 사람을
미워하면서도 자신도 모르게 어느덧 그를 닮아 가게 됩니다. 야
곱이 그랬습니다. 야곱은 라반을 닮았을 뿐만 아니라 그 이상으
로 변했습니다.

경제성장에 의한 민족의 득실

우리 남한의 교회와 국민이 지난 60년 동안 6·25전쟁의 폐허
속에서 어떻게 경제성장을 이루었습니까? 그동안 우리가 경제성
장을 이루면서 얻은 것은 무엇이고 잃은 것은 무엇입니까?

미국과 일본과 서방세계에 붙어서 산 지난 60년이 그렇게 편
하기만 한 것은 아니었습니다. 사실 혹독한 세월이었습니다. 전
쟁의 폐허 위에 우리의 민족자산은 남은 것이 아무것도 없었습니
다. 그래서 더부살이하고 막노동하며 살아왔습니다. 수많은 젊은
이들이 독일에 광부로 가고, 가난에 못 견뎌서 세계 곳곳으로 흩
어져 떠나고, 또 월남에서 전쟁을 하며 벌어들인 돈, 소위 월남
특수를 통해서 우리의 산업 기반을 다졌습니다. 미국의 원조와

일본의 하청기업 구조 속에서 막일로 지난 60년을 살아 지금 겨우 민족자산을 조금씩 쌓아 가는 과정에 있습니다. 2000년대 들어와서야 겨우 몇몇 분야에서 일본을 추월하기 시작하고 있습니다.

6·25전쟁 이후 지난 60년을 잠시 돌이켜 봅시다. 우리나라의 비약적인 경제발전이 과연 우리의 노력으로만 된 것일까요? 우리 민족이 잘나고 자질이 뛰어나서 지금 이만큼 민족자산을 축적하고, 세계를 향해 경쟁할 수 있게 된 것일까요? 저는 그렇지 않다고 생각합니다. 여기에는 보이지 않는 하나님의 은혜와 섭리가 있었습니다. 라반이 야곱을 속여 가며 야곱의 노동력을 철저히 착취하려고 했을 때, 야곱은 견딜 수 없어 하나님께 부르짖었습니다. 그가 하나님의 은총을 입게 해 달라고 간절히 기도했을 때, 하나님은 그의 양 떼를 특별히 축복하시기 시작했습니다(창 30:37-43). 저는 한국민이 바로 그런 축복을 받았다고 생각합니다. 한국 교회가 야곱이 드린 기도와 같은 기도를 했다고 생각합니다. 우리는 기도하고 하나님께 부르짖으면서 지난 60년을 살아왔습니다. 이제는 돈도 생겼습니다. 국민소득 2만 달러에 이르고 있습니다.

그러나 우리가 60년 동안 얻기만 했을까요? 잃은 것은 없을까요? 저는 아주 많은 것을 잃었다고 생각합니다. 특히 IMF 이후에 심해진 신자유주의 경제체제는 빈부 차이, 사회 양극화 현상을 심화하고 있습니다. 경쟁이라는 새로운 이데올로기가 사람들의 마음을 사로잡았습니다. 그리고 온 국민의 심성에 조급증이 생겼습니다. 너무 급하게 달려오다 보니 하나님이 주신 부(富)를 제대로 관리할 수 있는 영적·도덕적·정신적 능력이 약화되었습니다. 그래서 온 국민이 집단 졸부 현상과 집단 아노미 현상이라는 양극화에 빠졌습니다. 그 결과로 단지 욕구를 충족하기 위해서는 무슨 일이든 해치우는 비극적인 사건들이 지금 도처에서 일어나고 있습니다. 세계 최고의 자살률과 세계 2위의 이혼율은 바로 우리 사회의 무너짐을 보여 주는 명백한 지표입니다.

종교사회학자 에밀 뒤르케임(Emile Durkeim)은 '경제적 위기'보다도 '빈부 격차'가 '아노미 자살'을 더 많이 만들어 낸다고 주장했는데, 실제로 한국도 1998년 IMF 때보다도 사회 양극화가 심화된 2002년 이후로 자살이 더 증가하고 있습니다. 이혼과 자살의 동반상승은 양자가 동일한 원인에서 출발해 다르게 표현되는 현상으로서, 신자유주의 체제 속에서 우리 사회의 가정이 얼마나 쉽게 해체되며, 우리 사회의 긴장과 좌절이 얼마나 깊은지 보여 줍니다.

어떻게 통일을 이뤄야 하는가

야곱은 얻은 것도 있지만 잃은 것도 많은 인생이었습니다. 그런데도 그것을 모르고 있습니다. 하나님의 보호와 축복이 무엇인지 깨달아 알고 있으면서도 여전히 그는 지난 20년 동안 이방에서 살아온 관습에 따라 지금의 문제를 해결하려고 합니다. 우리 민족이 21세기에 어떤 민족이 되느냐를 판가름하는 결정적 과제가 야곱과 에서가 만나는 일, 남과 북의 통일이라고 생각합니다. 이 과제를 어떻게 극복하느냐에 따라서 우리 민족의 장래가 결정되고, 한국 교회가 세계선교의 사역을 어떻게 감당하느냐도 결정되리라고 생각합니다. 이 과정에서 야곱이 보여 주고 있는 최초의 생각은 바로 물질을 가지고 형의 감정을 풀고 만나야겠다는 것입니다.

우리 남한의 그리스도인들 혹은 남한의 백성들이 남북문제를 그동안 쌓아 온 경제력으로 해결할 수 있다고 생각한다면 굉장한 착각입니다. 실제로 경제력을 가지고 통일을 한다 해도 그 후유증이 매우 심각할 것입니다. 경제적인 흡수통일은 남북 백성의 감정을 풀게 하는 것이 아니라 오히려 더 갈라지게 할 가능성이 훨씬 높습니다.

독일은 우리보다 몇 십 배 나은 경제적 토대 위에서 통일을 이루었습니다. 얼마나 자신감이 있었던지 통일 이후 서독은 동독의 돈과 서독의 돈을 일 대 일로 그냥 바꿔 주었습니다. 그런데 결과는 어떻습니까? 흡수통일의 후유증은 심각하게 점증했습니다. 독일에 가서 물어보면, 비록 경제력은 서서히 회복되어 가도 동독 사람들이 마음에 입은 그 상처는 결코 회복되지 못하고 있음을 알 수 있습니다. 서독 사람들이 동독 사람들을 2등 국민 취급한 것에 대해서 동독인들이 가지고 있는 상처가 생각보다 훨씬 깊다는 사실을 발견할 수 있습니다.

저는 2003년에 동독 지역의 교회를 방문하여, 동독 교회의 지도자들, 그리고 그들과 함께 '교회의 협력과 화해의 프로그램'을 진행했던 서독 교회의 목사님들을 만나 보게 되었습니다. 그때 서독 출신 목사님들과 동독 출신 목사님들이 공통적으로 하는 얘기가, 통일 이후 가장 큰 문제는 지난 시간 갈라져 있어서 생긴 민족적 이질감을 어떻게 다시 통합하느냐 하는 것이라고 했습니다. 그런데 경제적인 통합과정에서 서독이 여러 가지 실수나 시행착오를 범하는 바람에 서로에 대한 배타적인 감정이 더 깊어져 통일 이전보다 사실은 지금이 더 심리적인 골이 깊어졌다고 이야기합니다. 그리고 이를 치유하는 일이 아주 중요하며, 이것은 경제회복으로 이루어지는 것이 아니라 오직 사랑으로, 특별히 교회만이 동독과 서독 국민의 이질감을 하나로 만들 수 있다고 확신에 차서 말했습니다.

사실, 독일 사회에서 가장 진보적이고 개방적인 구성원이 청년들임에도 불구하고 동독과 서독의 젊은이들이 서로 결혼하는 예가 거의 없습니다. 또 동독 지역의 사회문제나 복지문제 등을 헌신적으로 돕기 위해서 스스로 동독 사회로 뛰어 들어가는 서독의 청년들이 별로 없습니다.

그러나 한국 교회는 결코 그렇지 않을 것이라고 생각합니다. 통일이 된다면 돈을 벌기 위해서 상인들이 앞장서 북으로 갈 것입니다. 그러나 상인 이상으로 먼저 가야 할 사람들이 있습니다. 우리 그리스도인들입니다. 특히 남한의 목사들이 새로운 개척지 북한으로, 소명감을 가지고 무수히 가야 할 것입니다. 그분들이 가서 여러 문제를 일으킬 수도 있고, 시행착오를 무수히 범하며 북한 주민들에게 욕도 얻어먹을 수도 있겠지만, 어쨌든 그 긴 통합과정을 인내로 버텨 내서 남한 사람과 북한 사람 사이에 끈끈한 인간관계를 만들어 낼 것입니다. 사랑으로 심방하고 기도해 주면서 민족 재통합 과정의 가장 기초적인 망을 짜낼 수 있는 사람은 오직 우리 그리스도인들밖에 없다고 생각합니다.

통반장 조직이 아무리 훌륭해도 구역 조직만 하겠습니까? 민족 의식과 국가적 사명이 투철한 동장님이 북쪽으로 가서 아무리 열심히 일한다 해도 우리나라 목사들 같겠습니까? 독일 사회가 돈으로 해결할 수 없었던 민족의 이질감 극복과정을 우리 뜨거운 남한 그리스도인들이 감당해 낼 것입니다. 통일 이후 경제적으로는 독일보다 우리가 훨씬 더 어려움을 겪을지 모르지만 민족의 심리적인 통합 면에서는 오히려 우리가 더 유리할지도 모르겠다는 생각을 합니다. 왜냐하면 정 많고 열정적인 그리스도인들이 우리 남한에 무수히 있기 때문입니다.

매를 드시는 하나님

오늘 말씀에서 한 가지 배워야 할 점은 야곱의 경제적 접근에 대해서 하나님은 "아니다"라고 말씀하신다는 사실입니다. 야곱이 얼마나 생존 게임에 능한 사람이었습니까? 말씀에서 살펴보듯이 그는 야비할 정도로 혼자서 살아남으려고 합니다. 물건을 먼저 보내고 종들도 보내고 아내들과 자식들도 보냅니다. '형님이 제

수씨를 만나고 조카들을 만났는데 설마 칼을 휘두르지는 않겠지'
라고 생각했을 것입니다. 점진적으로 형 에서의 마음을 녹인 다
음 맨 나중에 자기가 가겠다는 계획입니다. 만일 자기의 가족과
아들을 죽인다면 그때에는 저 혼자라도 도망가겠다는 태도가 지
금 맨 뒤에 남아 있는 야곱의 모습입니다. 이런 야곱의 인간적인
비열한 생존본능과 태도를 보신 하나님은 '너는 진정 에서와의
만남을 축복과 평화의 만남으로 바꿀 수 없는 자구나' 하시고,
야곱을 강권으로 치유하시기로 작정하십니다.

그 밤에 야곱이 머무르던 곳은 중근동 지방의 나그네들이 잠을
청하던, 소위 '길의 숙소'인데 밤새 산적들이나 강도들이 습격을
해 오곤 하던 곳입니다. 하나님은 그곳에서 잠을 자던 야곱에게
바로 이러한 강도의 모습으로 덮쳤습니다. 야곱은 죽지 않으려고
밤새도록 하나님과 레슬링을 했습니다. 그리고 새벽에 해가 어슴
푸레하게 들 때가 되니, 하나님께서 신적 능력을 나타내셔서 저
항하는 야곱의 환도뼈를 부러뜨리십니다.

하나님은 맨 처음 야곱에게 마하나임의 천사들을 보내셔서 내
가 너를 지켜 주겠다고 약속하셨습니다. 그런데도 야곱이 그 약
속을 받아들이지 않고 인간적인 술책을 쓰자 하나님께서도 인간
의 모습으로 오셔서 씨름을 하십니다. 하나님이 애초부터 신적인
능력을 쓰셨으면 아마 처음부터 환도뼈가 부러졌을 것입니다. 그
러나 하나님께서는 그렇게 하시지 않았습니다. 밤새도록 사람으
로 여길 수밖에 없는 일반적인 방법으로 압력을 가하십니다. 그
런데도 야곱이 끝까지 버티자 하나님은 '너는 인간적인 설득이

나 권면을 통해, 혹은 환경의 압력이나 스트레스를 통해 굴복할 사람이 아니구나. 그렇다면 이제 내가 너에게 능력을 나타낼 수밖에 없다'고 생각하셨습니다. 그래서 새벽녘에 직접적인 능력을 나타내시니 순식간에 야곱의 환도뼈가 위골되었습니다. 말을 해서 듣지 않으면 주변 환경으로, 그래도 굴복을 안 하면 '매'를 드시는 분이 하나님이십니다.

축복 없는 통일은 의미가 없다

환도뼈가 위골되자 야곱은 하나님을 붙들고 늘어집니다. 이 대화를 보면 몇 가지 재미난 사실이 보입니다. 야곱이 붙들고 늘어지니까 하나님께서 하시는 말씀이 "나로 가게 하라"는 것입니다. 그러나 야곱은 "당신이 내게 축복하지 아니하면 가게 하지 않겠다"고 합니다. 아마 야곱은 밤새도록 싸우면서 이 사람이 누구일까 고민했을 것입니다. 그러나 문제가 풀리지 않았습니다. 그런데 새벽녘쯤 하나님의 신적인 능력이 닿음으로써 순식간에 환도뼈가 부러지는 체험을 하게 되면서 야곱은 '아! 이분은 하나님이시구나'라고 깨달았습니다.

하나님께서 왜 하필이면 다리를 부러뜨리셨겠습니까? 에서의 공격에서 야곱이 최후수단으로 의지하고 있는 것이 무엇입니까? 바로 다리입니다. 그런데 그 다리를 하나님이 뽑으신 것입니다. 야곱은 두뇌 회전이 빠른 사람입니다. 이래도 죽고 저래도 죽는 판이라면 하나님을 의뢰하는 수밖에 없다는 판단이 불현듯 든 것입니다. 그래서 그는 이전보다 더욱 필사적으로 하나님을 붙들고 늘어집니다. "날이 새려 하니 나로 가게 하라"는 본문을 잘못 읽으면 '날 새는 것을 하나님께서 왜 무서워하실까? 도깨비도 아닌데……'라는 생각이 듭니다. 그 힌트를 그곳의 지명에서 찾을 수 있습니다. 야곱은 하나님과 씨름한 곳의 이름을 '브니엘'이라고 지으면서 "내가 하나님과 대면하여 보았으나 내 생명이 보전되었다"(30절)고 말합니다. 이 사건에서 야곱이 가장 깊이 새긴 것은 '하나님의 얼굴'을 보았는데도 살았다는 점입니다.

그렇다면 "날이 새려 하니 나로 가게 하라"는 말씀은 어떤 의미일까요? 날이 밝아 야곱이 하나님의 얼굴을 정면으로 봄으로써 죽게 되는 것을 하나님께서 원하지 않으셨다는 뜻입니다. 성경을 보면, 하나님의 얼굴을 정면으로 대면한 사람은 죽을 수밖에 없다고 말합니다. 죄 많은 인생이 하나님의 은총 없이 하나님을 대하면 죽게 되어 있습니다. 그러나 하나님은 야곱이 죽는 것을 원하시지 않았습니다. 그러므로 "날이 새려 하니 나로 가게 하라"는 말씀은 야곱을 향한 하나님의 은총의 선언입니다.

야곱은 바로 여기에서 신앙적 결정을 내린 것입니다. '내가 죄지은 몸으로 하나님을 대면해서 죽으나 환도뼈가 위골되어 형에게 죽으나 마찬가지인데, 차라리 지금 이 시간에 하나님의 은혜를 받는 것이 낫겠다'고 여긴 것입니다. 에서 앞에서 죽는 것보다 하나님 앞에서 생사가 결정되는 것이 더 낫다는 결단을 했습니다. 그래서 그는 하나님을 붙들고 늘어진 것입니다.

"날이 새어서 하나님 앞에 죽는 한이 있어도 이제 간구하오니 제게 은혜를 베푸셔서 축복해 주십시오. 당신이 제게 축복해 주시지 않으면 이제 이 땅에서 제가 살 길이 없습니다. 경제력으로도 안 되고 육체로도 안 되고 제가 이전에 썼던 모든 방식이 바닥났습니다. 그리고 당신이 이것을 기뻐하시지 않는다는 것을 알고 있습니다. 당신께서 저를 징계하시고 내 환도뼈를 치셨습니다. 그래서 이제 제가 부르짖습니다. 오직 당신의 축복을 주시옵소서."

야곱은 하나님의 축복 없이 가나안으로 들어가는 것이 무슨 의미가 있느냐고 부르짖습니다.

그렇습니다. 하나님의 축복 없는 에서와의 만남, 남과 북의 통일, 그것이 무슨 의미가 있습니까? 하나님 없이 가나안에 들어가는 것, 하나님 없이 통일이 이루어지는 것이 무슨 의미가 있습니까? 한국 교회가 하나님의 능력과 영광과 하나님의 치유하시는 힘을 잃어버리고 통일을 맞이하는 것이 무슨 의미가 있습니까? 이 힘이 없으면 만나서 원수 되는 일이 더욱 깊어지고 잘못하면 남북 예맨처럼 또 다른 내전이 벌어지는 엄청난 비극을 겪을지도 모르는 게 우리의 현실 아닙니까?

인자한 주님의 얼굴을 뵈었으니

그 사람이 그에게 이르되 네 이름이 무엇이냐 그가 가로되 야곱이니이다 그 사람이 가로되 네 이름을 다시는 야곱이라 부를 것이 아니요 이스라엘이라 부를 것이니 이는 네가 하나님과 사람으로 더불어 겨루어 이기었음이니라(창 32:27-28).

굉장히 이상한 말씀입니다. 환도뼈까지 부러뜨리셨으니까 하나님께서 이기신 것이 아닙니까? 그런데도 하나님은 '야곱이 이겼다'고 하십니다. 이건 무슨 의미일까요? 그것은 야곱이 붙들고 매달리니까 하나님께서 져 주시기로 했다는 것입니다. 여기에 바로 하나님의 약점이 있습니다. 하나님은 사랑이 많으신 분이기 때문에 고집으로 맞서고 욕망으로 맞서면 절대로 안 져 주십니다. 그러나 하나님의 뜻을 발견하고 하나님의 사랑에 호소해서 매달리면 우리 하나님은 언제나 져 주십니다.

그런데 이때에 하나님께서 야곱의 이름을 물으십니다. 왜 이름을 물으셨을까요? 하나님이 야곱의 이름을 몰라서 물으시는 것이 아닙니다. 하나님께서 이름을 언급하실 때는 언제나 그 사람의 본질을 묻는 것입니다. "네 삶의 본질이 무엇이냐?"라는 물음입니다. 이에 야곱이 말합니다.

"저는 야곱입니다. 저는 속이는 자입니다. 발뒤꿈치를 잡는 자입니다. 뱃속에서부터 형을 이기려고 페어플레이를 안 하고 발뒤꿈치를 잡고 나온 자가 저입니다."

오늘에야 야곱은 자기 삶의 본질이 '속이는 자'라는 것을 비로소 고백했습니다. 생존하기에 급급해서 사기 치며 살다가 지금 이 시간까지 왔다는 것입니다. 그러자 하나님은 "다시는 네 이름을 야곱이라고 부르지 말라"고 하십니다. "이제까지는 네가 그렇게 살아왔지만, 비로소 네가 죄를 자복하고 네 삶의 본질을 내게 고백하면서 은혜를 구하니 이제부터는 내가 네게 축복하겠다. 이 축복의 싸움에서 네가 이겼다"라고 하시며 '하나님을 이겼다'라는 뜻으로 '이스라엘'이란 이름을 지어 주십니다. 이렇듯 우리 하나님은 회개하고 매달리면 우리에게 은혜로 져 주십니다.

그 새벽에 야곱은 비로소 하나님의 은혜를 받았습니다. 날이 환해져서 주의 얼굴을 보았는데도 그분의 인자하심으로 말미암아 그는 죽지 않고 살았습니다. 이제 그의 죄는 사함 받은 것입니다. 그 새벽에 그는 심판하시고 진노하시는 하나님의 얼굴이 아니라, 용서하시고 인애를 베푸시는 하나님의 자비로운 얼굴을 보았기 때문에 이제 얼굴이 변했으며 그 생각도, 본질도 변했습니다.

그 아침 야곱은 얍복 강변을 절뚝거리며 걸어가면서 자신에게 임한 하나님의 깊은 은혜에 잠겨 그곳 이름을 '브니엘'이라 지었습니다. 야곱은 자신에게 나타난 이 하나님의 은총과 자비의 얼굴을 평생 잊지 않으며 이 신앙을 자손대대로 기억시켜 주기 위해, 그곳 이름을 '브니엘'이라 지은 것입니다.

드디어 그는 변화를 받았습니다. 그가 변화되니까 그 다음 행동이 무엇입니까? 그전에는 하인들과 아내와 자녀를 먼저 보내고는 자기가 맨 뒤에 섰는데, 이번에는 자기가 맨 앞에 서서 형에서에게 나아갔습니다(창 33:3). 하나님을 만난 야곱은 이제 두려움 없이 하나님의 은총을 확신하며, 여전히 증오와 미움으로 다가오는 형 에서를 맨 앞에서 맞이하고 있는 것입니다.

맨 앞에 서야 할 사람들

야곱과 에서의 만남과 같은 통일의 과정에서 맨 앞에 서야 할 사람은 바로 우리 그리스도인들입니다. 그중에서도 특별히 복음주의 그리스도인들입니다. 하나님의 얼굴을 날마다 대면하는 사람들, 인자와 자비의 은총이 충만한 사람들이 앞에 서야 합니다. 의심과 불안과 공포에 빠져 자기를 해코지할까 봐 두려워 대항하기 위한 모든 대응 수단을 갖추고 나아가는 사람들이 앞에 서서는 안 됩니다. 그러면 평화를 깨뜨립니다. 성령 안에서 하나님의 얼굴을 마주보고 하나님의 은총을 받아 그 인격이 변화된 사람들, 의심과 불안과 공포감을 극복한 하나님의 사람들이, 성령으로 충만한 사람들이, 사랑과 희락과 화평의 열매가 넘치는 사람들이, 하나님께서 에서의 얼굴을 변화시킬 것이라는 믿음 속에서 신뢰와 은총과 용서로 앞에 가야 이 민족의 평화의 일은 이루어질 수 있는 것입니다.

그러므로 통일의 문제는 정치가들의 문제가 아닙니다. 전략가들의 문제가 아닙니다. 국가정보원의 문제가 아닙니다. 하나님은 "은혜를 받은 자가 먼저 서라"고 말씀하십니다. "교회가 먼저 나아가라"고 하십니다. 오늘 야곱은 은총 가운데서 나아갑니다. 그런데 그가 그렇게 나아갈 때 놀라운 일이 생겼습니다. 4백 명의 전투부대를 이끌고 바람처럼 달려오던 증오의 사람 에서가 야곱을 만나는 순간, 몇 십 년 동안 얼어붙어 있던 그 증오가 순식간에 녹아 버렸습니다.

우리나라는 지난 60년 동안 남북한이 적대관계를 유지해 왔습니다. 서로를 죽였습니다. 오랫동안 적대감을 키워 왔습니다. 그런데 우리가 어떻게 이것을 해결할 수 있을까요? 경제적인 도움을 줘서 감정을 푼다고 해결될까요? 정치협상을 한다고 해결될까요? 어떻게 보면 외교협상과 지혜로 극복될 수 있을지도 모릅니다. 하지만 우리가 분명히 알아야 할 것은 그것은 표면의 화해에 불과하다는 것입니다. 진정한 화해는 그것만으로 되지 않습니다. 어떻게 진정한 화해와 만남이 이루어질 수 있을지에 관해서 오늘 하나님은 이렇게 말씀하십니다.

"하나님의 은혜가 임해야 진정한 화해가 이루어진다."

하나님의 은혜가 임하니 에서가 갑자기 변했습니다. 기세등등하게 동생을 향해 오던 그가 야곱의 얼굴을 보는 순간, 홀연히 마음이 녹아져서 손에서 칼을 떨어뜨리고 야곱을 붙들고 목을 껴안고 통곡합니다. 또한 야곱이 이 일을 겪으면서 다음과 같은 신앙고백을 합니다.

> 야곱이 가로되 그렇지 아니하니이다 형님께 은혜를 얻었사오면 청컨대 내 손에서 이 예물을 받으소서 내가 형님의 얼굴을 뵈온즉 **하나님의 얼굴**을 본 것 같사오며 형님도 나를 기뻐하심이니이다(창 33:10).

　형님의 얼굴을 뵈니 하나님의 얼굴을 뵌 것 같다는 야곱의 말이 외교적 수사나 아부의 말일까요? 저는 그렇게 생각지 않습니다. 이것은 그의 진정한 체험적 신앙고백이었습니다. 형님의 얼굴을 보니 그 얼굴에는 "어젯밤에 만난 바로 그 하나님의 인자와 자비의 얼굴이 나타나고 있습니다"라고 고백하는 것입니다.

　하나님께서 홀연히 에서의 마음을 바꾸셨고, 에서의 얼굴을 바꾸셨습니다. 에서의 표정을 바꾸셨습니다. 야곱은 어젯밤에 보았던 하나님의 자비의 얼굴이 이제 에서의 얼굴 속에 나타나는 것을 보았습니다. 오늘 우리 한국 교회가 구할 것이 바로 이것입니다. 북한의 증오감을 하나님께서 녹여 달라고 우리는 기도해야 합니다.

　"우리에게 있는 의심과 불안과 증오감을 먼저 녹여 주시옵소서. 우리가 하나님의 은혜를 다시 한 번 체험하게 도와주시옵소서. 브니엘의 하나님을 만나게 도와주시옵소서. 우리 교회와 우리 그리스도인들에게 화평과 용서와 사랑과 하나님의 인자와 자비와 긍휼이 넘치도록 도와주시고, 이 긍휼의 얼굴로 믿음을 가지고 나아갈 때 하나님이 북녘 형제들의 마음도 순식간에 녹이실 것을 믿습니다."

　하나님께서 이 일을 일으켜 주실 것을 우리는 간절히 기도해야 합니다. 한국 교회가 통일을 앞두고 기도할 때 가장 중요한 것은 저들의 마음을 녹이는 것입니다. 부르짖고 부르짖고 부르짖어서 하나님께로부터 응답받아야만 합니다. 그 길 외에는 화해와 평화의 길이 없기 때문입니다. 그 길 외에는 진정한 통일이 이루어질 가능성이 없기 때문입니다.

하나님만이 남북의 이질감과 적대감을 녹여 주십니다. 자비의 얼굴을 나타내 주셔야만 우리 남북한 사이에 있는 적대감이 온전히 녹을 수 있습니다. 보이지 않는 성령의 은총이 남과 북의 만남마다 나타나기를 구해야 합니다. 남과 북이 만나는 것을 놓고 우리가 끊임없이 하나님께 부르짖어야 할 기도는 "브니엘의 하나님! 그 자비의 얼굴을 우리에게 나타내 주시고 북에 있는 형제들에게도 나타내 주시어, 우리 사이에 진정한 화해를 일으켜 주십시오"입니다. 하나님께 부르짖어야 합니다. 부르짖으면 하나님이 들어주십니다.

'라반'으로 상징되는 자본주의 세계에서 사는 동안, 어느덧 우리의 신앙이 야곱처럼 순결하지 못하게 된 것을 고백해야 합니다. 오직 우리는 우리의 이름이 야곱이었다고 하나님께 고백하며 첫사랑의 순결함이 우리 안에 회복되도록 기도합시다. 우리가 이 일을 위해 기도할 때 하나님이 역사하실 것이 분명합니다. 경제적·정치적 통일 이후의 민족 재통합 과정은 훨씬 긴 시간, 긴 싸움이 필요합니다. 심리적 통합은 정치적 통합보다 훨씬 더 어렵고 고통스러운 시간이 필요합니다. 특히 그리스도 안에서 복음으로 이루어질 '영적 통합'은 더욱 성령의 은총이 필요합니다. 부디 이 긴 과정이 성령 안에서 기도로 승화되기를 간구합니다.

수건을 벗고

말씀_**출애굽기** 34:29-35; **고린도후서** 3:12-18

그러나 언제든지 주께로 돌아가면 그 수건이 벗어지리라(고후 3:16).

출애굽기 34장에서는 모세가 얼굴에 수건을 썼다 벗었다 하는 모습을 볼 수 있습니다. 모세가 언제 수건을 쓰고, 또 언제 수건을 벗었습니까? 회막 안 지성소에 들어갈 때, 모세는 수건을 벗고 맨 얼굴로 하나님의 말씀을 받았습니다. 그때 하나님의 지성소 안에는 그분의 임재로 말미암아 하나님의 영광이 찬란하게 비취고 있었습니다.

하나님의 찬란하고 거룩한 광채가 모세에게 비취자 그의 속사람과 외면은 완전히 변화되었습니다. 그 빛이 얼마나 찬란하게 임했던지 모세의 얼굴에서도 '광채'가 났다고 합니다. 모세는 거룩한 광채가 나는 얼굴로 이스라엘 백성 앞에서 말씀을 전합니다. 이에 이스라엘 백성은 모세를 통해 나타나는 하나님의 영광을 보며 두려워했습니다. 그들은 경외감에 떨었습니다. 거룩한 두려움에 휩싸인 백성들은 모세에게 가까이 오지를 못했습니다. 모세가 먼저 아론을 가까이 오게 하는 것을 보고서야 겨우 회중이 좇아 나아갔습니다. 2백여 만 명에 이르는 이스라엘 백성 모두가 시내산 밑에서 모세의 얼굴에 임한 하나님의 영광의 광채를 보는 가운데 율법의 말씀을 받았습니다.

그런데 이상한 것은, 강론을 마치자마자 모세가 즉시 얼굴에 수건을 썼다는 것입니다. 모세는 회막문에 들어가기 전까지는 얼굴에 수건을 쓰고 다니다가, 다시 지성소에 들어갈 때에야 비로소 그 수건을 벗었습니다. 왜 모세가 말씀을 강론한 후에 수건을 썼는지에 대해서 출애굽기는 전혀 언급하지 않고 있습니다. 그러나 그 후 무려 1천5백 년이 지나서, 성령께서 바울이라는 사람을 통해 그때 왜 그가 수건을 썼는지 그 이유를 밝혀 주고 있습니다.

모세가 얼굴에 수건을 쓴 이유

우리가 이 같은 소망이 있음으로 담대히 말하노니 우리는 모세가 이스라엘 자손들로 **장차 없어질 것의 결국**을 주목치 못하게 하려고 수건을 그 얼굴에 쓴 것같이 아니하노라(고후 3:12-13).

　여기서 바울은 모세가 얼굴에 수건을 쓴 이유에 대해서 말합니다. 모세는 그 "없어질 것의 결국을 주목치 못하게 하려고" 수건을 썼다고 합니다. 여기에서 우리가 한 가지 알 수 있는 것은 모세에게 임한 하나님의 영광은 율법을 가르치는 동안에만 임하였던 일시적인 영광이었다는 것입니다. 구약시대 율법의 영광은 마치 태양이 떠오르면 그 빛을 잃어버리는 달과 같이 일시적인 영광이었다는 것입니다. 그러나 복음의 영광은 어떻습니까? 태양과 같이 그 빛을 잃지 않습니다. 영원한 영광입니다. 그래서 고린도후서 3장 7-13절에서 바울은 율법의 사역과 복음의 사역을 다음과 같이 비교하면서 설명합니다.

돌에 써서 새긴 죽게 하는 의문의 직분[율법의 직분]도 영광이 있어 이스라엘 자손들이 모세의 얼굴의 없어질 영광을 인하여 그 얼굴을 주목하지 못하였거든 하물며 영의 직분[복음을 전하는 직분]이 더욱 영광이 있지 아니하겠느냐 정죄의 직분[율법 전하는 직분]도 영광이 있은즉 의의 직분[복음의 직분]은 영광이 더욱 넘치리라 영광 되었던 것[옛 율법]이 더 큰 영광[복음]을 인하여 이에 영광 될 것이 없으나 없어질 것[율법]도 영광으로 말미암았은즉 길이 있을 것[복음]은 더욱 영광 가운데 있느니라 우리가 이 같은 소망이 있으므로 담대히 말하노니 우리는 모세가 이스라엘 자손들로 **장차 없어질 것[율법의 영광]의 결국**을 주목치 못하게 하려고 수건을 그 얼굴에 쓴 것같이 아니하노라 율법의 영광은 없어질 영광입니다. 모세가 그 얼굴에 수건을 쓴 이유는 이 율법의 영광이 잠시뿐이라는 사실을 이스라엘 백성에게 아직은 알리고 싶지 않았기 때문이었습니다. 아직은 율법의 영광이 드러나야 할 때이므로, 그 사라지는 장면을 미리 보면 이스라엘 백성이 율법을 우습게 여길까 봐, 그 결국을 보여 주지 않으려고 얼굴에 수건을 썼던 것입니다.

그런데 모세가 이렇게 좋은 의도에서 얼굴에 수건을 쓴 행동이 오히려 이스라엘 백성에게는 해가 되었습니다. 이 수건이 모세의 얼굴에만 씌워진 것이 아니라, 이것을 바라보고 있던 이스라엘 백성의 마음을 덮어 버렸기 때문입니다. '율법의 영광이 영원하다'는 편견의 수건이 이스라엘 백성의 마음을 덮었습니다. 그 결과 그들은 소위 율법주의자가 되고 말았습니다. 그리스도의 영광에 대해서는 가려진 심령이 되어 버립니다. 그래서 율법주의라는 편견의 수건에 덮여, 유대인들은 드디어 예수님을 죽이게까지 된 것입니다.

이렇듯 복음의 영광을 보지 못하고 어두워진 이스라엘을 향하여 바울은 이렇게 말합니다.

그러나 저희 마음이 완고하여 오늘까지라도 구약을 읽을 때에 그 수건이 오히려 벗어지지 아니하고 있으니 그 수건은 그리스도 안에서 없어질 것이라 오늘까지 모세의 글을 읽을 때에 수건이 오히려 그 마음을 덮었도다(14-15절).

그렇습니다! 바울은 초대교회에 일어나고 있는 이 율법주의적인 유대주의자들의 영적 상태를 지금 꿰뚫어 보고 있습니다. 그들의 마음에 수건이 덮였다고 진단하고 있습니다.

편견이라는 수건에 덮이기 시작하면 진실을 보지 못합니다. 그렇기에 교회에서 목회자들과 가까이 일하는 사람들이 조심해야 할 것이 있습니다. 목회자와의 인간관계에서 생긴 편견이나 오해의 수건이 자주 마음을 덮어 버리는 경우가 생기기 때문입니다. 또 부모들이 어린 자녀들 앞에서 교회 어른들 사이에서 일어나는 갈등에 대해 자주 얘기하는 것도 아주 나쁜 결과를 일으킵니다. 아이들의 영혼에 편견의 수건이 한번 씌워지면 그 아이들의 영혼은 교회 안에서 건강하게 자라지 못합니다. 복음의 영광이 가리워지고, 그 결과로 영혼이 말라 버리기 때문입니다.

교회에서 열심히 봉사하는 분들 가운데, 이러한 수건이 잘못 씌워져서 목사님 설교가 귀에 잘 안 들어온다고 하는 이들이 많습니다. 참으로 안타까운 일입니다. 그런데 이 수건은 인간적인 노력으로 잘 벗겨지지 않습니다. 그래서 목회자나 말씀을 전하는 교사는 항상 인간관계에서 조심해야 합니다.

또 한 가지, 성도의 마음을 덮는 수건 가운데는 '인격적인 수건' 외에 '사상의 수건'이 있습니다. 잘못된 철학이나 교리, 혹은 이단 사상에 한번 빠져들면 이 수건이 잘 안 벗겨져서 평생 고생합니다.

북한 교회에 덮인 붉은 수건

오늘 우리 모두가 생각해야 할 것은, 북에 있는 교회와 남에 있는 교회 모두에 이데올로기라는 사상의 수건이 덮여 있다는 사실입니다. 북한 교회는 주체사상이라는 이데올로기의 수건을 쓴 교회입니다. '문규현 신부'를 기억하실 것입니다. 임수경 씨가 북한에 갔을 때 함께 방북했던 문규현 신부님이 돌아와서 쓴 글을 읽은 적이 있습니다. 문 신부님이 평양의 장충성당에 갔을 때, 교인 한 분이 미사 중에 얼마나 진지하게 기도하던지 진짜 신자가 틀림없다고 여겨지더랍니다. 그래서 그분을 눈여겨봤다가 단둘이 대화할 기회가 생겼을 때 슬며시 물어보았답니다.

"하나님 섬기는 것과 수령님 섬기는 것 사이에서 혹시 갈등이 없습니까?"

그러자 그분이 의아하다는 듯이 문 신부님을 또렷이 쳐다보면서 이렇게 답변하더랍니다.

"하나님도 세상을 위하시고 수령님도 세상을 위하시는데 무슨 갈등이 있갔시요?"

이 대답이 바로 북한 그리스도인들 대부분이 가지고 있는 사고이며 태도입니다. 이 대답 속에 내재된 세계관을 한번 잘 생각해 보십시오.

루이제 린저라는 독일의 유명 여류작가가 북한을 방문하고 나서 쓴 책에 이런 말이 있습니다.

"북한 사람들이 김일성 주석에 대해서 갖는 태도는 마치 가톨릭교도들이 교황에 대해서 갖는 태도와 같다. 북한 사회는 일종의 세속적 형태를 띤 바티카니즘이다."

가톨릭교도들은 교황과 하나님 사이에 어떤 모순도 느끼지 않습니다. 하나님께서 이 세상에 선을 행하시는 데에 사용하는 귀한 종이 바로 교황이라고 보는 것입니다. 주체사상을 가진 북한의 그리스도인들이 가지고 있는 수령에 대한 태도가 바로 이런 것입니다. 하나님께서 이 세상에서 좋은 일을 하시는 데에 바로 김일성 수령을 사용하셨다는 것입니다. 일종의 정치적 바티카니즘인 것입니다. 저는 이 표현이야말로 북한 사회를 가장 정확하게 본 것이라 생각합니다. 북한 사회는 이미 주체사상이 종교의 단계에 올라가 있는 일종의 유사종교 사회인 것입니다. 북한의 기독교는 바로 이 '주체사상'이라는 수건에 깊이 덮여 있는 교회라고 저는 생각합니다.

남한 교회에 덮인 황금 수건

이와 동일한 비판을 우리 스스로에게도 기꺼이 할 수 있습니다. 남한 사회는 장점이 참 많습니다. 남한 사회는 자유민주주의 사회이므로 누구나 자유롭게 자신의 미래를 선택할 권리가 있습니다. 우리 시대의 사상이나 이념을 우리 스스로 상대화하며 극복해 갈 수 있는 사상의 자유 공간이 활짝 열려 있습니다. 북한과 같은 전체주의 사회가 아니므로 신앙의 자유를 마음껏 누릴 수 있는 좋은 조건에 있습니다. 그런데도 이 시대를 휩쓸고 지나가는 세상 풍조에 우리 그리스도인들은 자주 깊은 수건을 뒤집어 씁니다. 오늘날의 남한 사회는 소위 '자본주의 사상'이 지배하고 있습니다. 자본주의는 한마디로 사람들에게 물질 우상숭배의 세계관을 뒤집어씌우기에 쉬운 체제입니다. 황금송아지를 만들어 놓고 이것이 바로 우리를 구원하시는 하나님이라고 섬겼던 아론의 우상숭배(출 32:4)를 범하기 쉬운 체제이기도 합니다. 돈은 단순히 가치 교환적인 화폐 기능만 하지 않습니다. 돈은 돈 자체를 숭배하게 만드는 무서운 우상적 속성이 있습니다. 그것에 대해 예수님은 이미 산상수훈에서 경고하셨습니다.

> 한 사람이 두 주인을 섬기지 못할 것이니 혹 이를 미워하며 저를 사랑하거나 혹 이를 중히 여기며 저를 경히 여김이라 너희가 하나님과 재물을 겸하여 섬기지 못하느니라(마 6:24).

여기서 주님은 돈의 본질을 매우 정확하게 꿰뚫어 보고 계십니다. 돈에는 사람이 섬기게끔 하는 우상숭배적 성격이 있다는 것을 정확히 밝히셨습니다. 영어성경 킹제임스버전(KJV)에서는 '재물'을 'Money'로 표현하지 않고 'Mammon', 즉 '물신'으로 표현했습니다.

초기 미국의 청교도들은 하나님에 대한 깊은 신앙심으로 이 자본주의의 독을 제거하고 비교적 건전한 자본주의를 세울 수 있었습니다. 그러나 1, 2차 세계대전 이후 미국이 청교도정신을 상실하기 시작할 때부터, 자본주의의 독은 오히려 그들을 무너뜨리고 말았습니다. 조상들이 믿음으로 일으켰던 바로 그 정신을 잃어버리면서부터, 미국은 마약과 폭력과 섹스로 얼룩진 어두운 문화로 굴러 떨어지게 되었습니다. 미국 사회 곳곳에서 심각한 도덕적 붕괴가 일어나고 있습니다. 그래서 미국은 '천민자본주의 사회'로 몰락하고 말았습니다.

그리고 이것이 일본으로 건너갔습니다. 일본에 가서는 더 심하게 썩었습니다. 일본에는 미국처럼 청교도정신 같은 것이 없습니다. 그들의 정신적 기반이란 그저 군국주의라든가 유교적 가족주의 정도밖에 없습니다. 그것이 개인에게는 사무라이 정신으로, 집단적으로는 대일본 가족주의로 나타납니다. 그래서 '일본주식회사'를 발전시켜 나가는 데에는 미국 사람보다 더 유리한 점이 있었습니다만, 본질적으로 인간의 이기심과 돈의 독을 이길 수 있는 개인의 윤리와 가치를 강조하는 정신적 힘은 훨씬 더 약했습니다.

사실 이 돈의 힘을 이길 수 있는 능력은 오직 하나님께로만 나온다는 사실을 우리는 꿰뚫어 보아야 합니다. 주님은 물질의 소유욕을 극복하는 것, 즉 사람이 할 수 없는 것을 "하나님은 하실 수 있느니라"(눅 18:27)고 말씀하셨습니다. 오직 성령의 충만을 받아야만 물질을 바로 다룰 수 있는 힘이 생긴다는 사실이 초대교회에서 입증되었습니다. 그 점에서 복음의 세력이 미약한 일본은 자본주의를 극복할 소망이 근본적으로 없는 것입니다. 일본의 자본주의는 빨리 꽃을 피웠지만 그 독을 이길 힘을 근본적으로 가지지 못했으므로, 결국은 미국 이상으로 크게 무너질 것입니다. 어느 민족도 하나님의 능력이 없으면 자본주의 앞에서 소망이 없는 법입니다.

중국이 요즘 자본주의를 받아들여서 중국식 사회주의라고 이름 짓고 경제적으로 크게 일어나고 있습니다. 그러나 이 자본의 독을 이길 힘이 사회주의 철학 안에 없다는 사실은 이미 지난 공산주의 실험을 통해서 알았기 때문에, 요즈음 다시 공자를 추켜세우며 옛 유교 윤리로 중국의 부패를 막아 보려고 애쓰고 있습니다. 그러나 소망이 없습니다. 결국 후기 공산주의 사회인 러시아도 소망이 없고, 중국도 소망이 없습니다. 자본주의를 받아들여 잠시 풍요롭게 살 수 있을지는 모르지만 그 해독으로 말미암은 폐해 때문에 결국은 미국 이상으로 크게 무너질 것입니다.

한국 교회에 있는 특별한 섭리

그런데 하나님께서 이상하게도 우리 민족에게는 깊은 은혜를 베풀어 주셨습니다. 백여 년 전, 이 민족이 근대사의 고비에서 고난을 깊이 당하고 이천만 조선 민중이 어디로 가야 할지 몰라 목자 잃은 양처럼 울부짖고 있을 때 이 나라에 복음이 들어왔습니다. 한말 당시에는 유교 정신도 무너지고, 불교 정신도 무너지고, 샤머니즘도 무너져서, 이 민족 전체가 새로워질 수 있는 어떤 정신적 힘이 전혀 없었습니다. 일종의 정신적 아노미 상태에 있을 때에 하나님께서는 조선 민중에게 피 흘린 복음을 전해 주셨습니다. 그것도 청교도 전통이 살아 있는 너무도 아름답고 순결한 복음을 전해 주셨습니다.

19세기 초에 일어난 미국 대각성운동에서 성령의 은혜를 체험한 젊은 선교사들이 동방의 은둔국 한국에 와서 순수한 청교도 전통의 복음을 전해 주었습니다. 그리고 하나님께서는 1907년에 평양 장대현교회에 성령을 가득 부어 주셨고, 지금까지 지난 백 년간 성령의 역사가 이 땅에 불일 듯 일어나고 있습니다.

세계 교회사에서 성령의 역사가 강력하게 일어났던 미국의 대각성운동이나 영국의 요한 웨슬리운동 등은 불과 10년 내지 20년, 길어 봐야 30년 정도 지속되었습니다. 그러나 한국 교회는 어떻습니까? 지난 백 년간 성령님이 계속 역사하고 계십니다. 이상하지 않습니까? 무려 백 년째 수많은 기적과 표적이 동반되는 대부흥을 경험하고 있습니다.

하나님께서 한국 교회를 지금 축복하고 계십니다. 동아시아 자본주의 사회를 구원할 수 있는 힘을 한국 교회에 주고 계십니다. 미국이 실패하고 잃어버린 그 힘을 지금 한국 교회가 씨앗처럼 보존하고 있습니다. 21세기 동아시아 신흥공업국가들, 아시아 자본주의 사회들의 영적 붕괴를 막을 수 있는 영적 헤게모니를 지금 하나님께서 한국 교회에 심어 주셨습니다. 저는 우리 한국 교회에 대한 하나님의 아주 특별한 섭리가 있음을 믿습니다. 우리가 부족하고 연약하며 실로 문제가 많음에도 불구하고, 한국 교회에 대해서 저는 여전히 기대와 소망을 가지고 볼 수밖에 없습니다. 2천 년의 긴 교회사를 통해 볼 때에 이런 부흥이 너무도 드물기 때문입니다.

수건을 벗기는 길

그러면 어떻게 하면 이 수건이 벗겨질까요? 16-17절을 봅시다.

그러나 언제든지 주께로 돌아가면 그 수건이 벗어지리라 주는 영이시니 주의 영이 계신 곳에는 자유함이 있느니라

수건을 벗으려면 주께로 돌아가 성령께 의지하는 방법밖에 없다는 것입니다. 사도 바울은 의도적으로 '그리스도' 대신에 '주'(Kurios)라는 단어를 썼습니다. 즉, 주님의 주권을 인정하고 돌아갈 때에만 수건이 벗겨진다는 메시지인 것입니다. 인간의 내면과 무의식의 세계까지 덮어 버린 그 수건은 오직 주님만이 벗겨 내시고 자유를 주실 수 있습니다. 지난 60년간 너무도 이질적으로 살아온 남과 북을 뒤덮은 수건들이 벗겨지는 문제는 오직 성령님만이 하실 수 있다고 성경은 말합니다. 수건이 벗겨져야만 주의 영광이 나타나고 사람의 내면이 하나님의 형상으로 변하는 일이 일어난다고 말합니다.

남과 북의 잘못된 수건들을 벗겨 내 달라고 하나님께 기도드려야 할 것입니다. 우리는 수건을 벗은 얼굴로 하나님을 봐야 합니다. 만일 이 수건이 벗겨지지 않으면 내 영이 피폐해지고 한국 교회가 무너지는 것입니다. 다시 한 번 고린도후서 4장 3-4절 말씀을 보십시오.

> 만일 우리 복음이 가리웠으면 망하는 자들에게 가리운 것이라 그중에 **이 세상 신**이 믿지 아니하는 자들의 마음을 혼미케 하여 그리스도의 영광의 복음의 광채가 비취지 못하게 함이니 그리스도는 하나님의 형상이니라

오늘 본문에 보면, 복음이 **망하는 자**들에게 가리운 것인데, 그 망하는 자들에게는 **이 세상 신**(마귀)이 그들의 마음을 혼미케 하여 수건을 뒤집어씌워 놓았다고 지적하고 있습니다. 그러므로 전도자는 항상 복음을 전하기 전에 성령께서 이 세상 신의 수건을 벗겨 주시기를 기도해야 합니다.

사도행전은 루디아가 바울에게 복음을 들을 때 성령께서 루디아의 마음을 열어 주셨다고 기록하고 있습니다(행 16:14). 남북이 통일된 후에 이루어질 북한의 복음화를 위해 우리가 미리 마음에 새기고 대비해야 할 것이 있습니다. 그것은 통일 과정이 바로 수건을 벗기기 위한 **영적 전쟁이라는 사실**입니다. 2천2백만 북녘 동포들이 사는 그 땅 전체에 복음의 영광을 혼미케 하는 붉은 수건이 잔뜩 덮어 씌워져 있습니다. 또 우리 자신들에게는 자본주

의의 황금 수건이 깊이 씌워져 있습니다. 그러므로 통일이 되기 전에 우리가 먼저 열심히 기도해야 합니다. "하나님, 저 북녘에 덮인 수건을 벗겨 주시옵소서. 성령께서는 자유케 하실 수 있습니다. 주께로만 돌아가면 언제든지 자유함이 있다고 하시지 않았습니까? 영적 편견의 수건을 벗겨 주시옵소서. 저 북녘 땅에 덮인 붉은 수건과 남한의 황금 수건을 벗겨 주시옵소서"라고 기도해야 합니다.

> 우리가 다 수건을 벗은 얼굴로 거울을 보는 것같이 주의 영광을 보매 저와 같은 형상으로 화하여 영광으로 영광에 이르니 곧 주의 영으로 말미암음이니라(고후 3:18).

수건을 벗겨 주시는 분도 주의 영이시고, 하나님의 영광을 회복하는 일도 주의 영으로 말미암아 일어난다고 했습니다. 오늘 우리 마음의 수건을 벗겨 주실 하나님께 그 주 되심을 인정하며 나아갑시다.

영적 전쟁

제가 아는 어느 분이 외국 국적을 취득해서 북한에 들어갔습니다. 그런데 돌아가신 줄만 알았던 팔십 노모를 그곳에서 만나게 되었습니다. 기억력도 흐릿한 그 늙으신 어머니는 육십이 넘은

흰 머리의 아들을 만나자마자 3일 내내 "위대하신 수령님께서 우리에게 이렇게 잘해 주셨다"는 말만 앵무새처럼 계속 하시더랍니다. 얼마나 무섭게 훈련을 시켜 놓았던지 아들을 만났는데도 "애야!" 하고 끌어안고 우는 것이 아니라, 그냥 꼿꼿이 앉아서 수령님 찬양만 계속했습니다. 이 어머니는 '내가 혹시 말 한마디 잘못해서 이북에 있는 식구가 다 죽으면 어쩌나?' 하는 두려움 때문인지 50년 만에 아들을 만났는데도 속마음을 쏟아 놓지 못하고 그저 훈련받은 대로 행동하셨던 것입니다. 그러니 함께 있던 북한의 보위부원마저도 그만 무안해서 "할머니, 이제 그만하시오"라고 말렸다고 합니다. '얼마나 훈련을 시켰기에 팔십 노인네를 이렇게 만들었나?' 하는 생각이 들면서 아들의 가슴이 아팠답니다.

모자가 하룻밤을 같이 자게 되었는데 마지막으로 묻고 싶은 것이 있어서 어머니 손을 붙잡고 "어머니, 예수님……" 하고 말을 꺼내자, 어머니는 이불 속의 손을 꽉 잡으면서 다른 한 손으로 슬며시 천정을 가리키더니 아무 말 하지 말라는 시늉을 하더랍니다. 이 어머니는 그렇게 50년을 살아온 것입니다.

그렇게 오랫동안 북한 동포들의 마음속에 깊이 씌워진 그 무서운 사상의 수건을 과연 누가 벗길 수 있겠습니까? 성경은 한 가지 새로운 길이 있다고 말씀합니다. 오직 성령님이, 오직 하나님의 영이 역사하시면 저 북한의 2천2백만 동포의 마음에 덮인 수건이 홀연히 사라진다고 말씀하십니다. 아울러 이 통일 과정은 거대한 영적 싸움, 이 세상 신과의 싸움이라고 말씀하십니다. 우

리는 이제 거대한 영적 전쟁을 눈앞에 두고 있습니다. 그래서 이
제는 더욱더 굳건히 기도해야 합니다. 민족을 위해 기도를 쉬는
죄를 범치 않겠다고 결단하는, 기도의 군대가 특별히 일어나기를
우리 주님의 이름으로 축원합니다.

하나님의 지혜

> 너희는 귀를 기울여 내 목소리를 들으라 자세히 내 말을 들으라 파종하려고 가는 자가 어찌 끊이지 않고 갈기만 하겠느냐 그 땅을 개간하며 고르게만 하겠느냐(사 28:23-24).

이사야 1-39장까지는 대체로 이스라엘의 고난에 관한 예언의 말씀이 기록되어 있습니다. 그리고 40-66장까지는 이스라엘의 회복과 하나님의 은혜와 영광에 관한 계시가 있습니다. 오늘 살펴볼 이사야 28장 23절 이하는 이스라엘의 고난이 예언된 후에 주어진 말씀입니다.

18세기의 유명한 청교도 주석가 매튜 헨리는 "이사야서 가운데서도 오늘의 이 본문은 아주 특별한 서문이 붙어 있다"라고 했습니다. 23절을 보면, 하나님께서 "너희는 귀를 기울여 내 목소리를 들으라 자세히 내 말을 들으라"고 하시면서 아주 특별한 주의집중을 요청하고 계십니다. 하나님께서 이스라엘이 바벨론에 포로로 끌려가서 엄청난 고난을 당할 것을 예언하시며, 그때에 그들이 특별히 귀를 기울이고 들어야 될 중요한 말씀이 있다고 하시며 특별한 주의집중을 새삼 요청하고 계시는 것입니다.

오늘의 본문을 살펴보면, 주께서 자세히 귀 기울이도록 두 번에 걸쳐 간절히 촉구하신 다음에, 갑자기 농사짓는 이야기를 하십니다. 하나님께서는 팔레스타인 지방의 어느 농부가 농사짓는 이야기를 통하여 아주 중요한 메시지를 전하십니다. 이 농사짓는 비유의 중심 메시지는 무엇입니까? 한마디로 '하나님의 지혜'입니다. 그것이 바로 29절에 나와 있습니다.

이도 만군의 여호와께로서 난 것이라 **그의 모략**은 기묘하며 **지혜**는 광대하니라

팔레스타인의 농부가 농사짓는 이야기에 귀 기울이면, 앞으로 닥칠 고난 중에 임하시는 하나님의 모략이 얼마나 기묘하고, 그 지혜가 얼마나 놀라운 것인지 깨닫게 될 것이라는 말씀입니다.

고난의 시기를 조정하시는 지혜

파종하려고 가는 자가 어찌 끊이지 않고 갈기만 하겠느냐 그 땅을 개간하며 고르게만 하겠느냐 지면을 이미 평평히 하였으면……(24-25절).

봄이 돌아오면 팔레스타인 농부는 들판으로 나갑니다. 가서 들판을 들여다보니 오랫동안 밭을 갈지 않아서 땅이 아주 굳어져 있습니다. 그래서 밭에 씨를 뿌리기 전에 어느 정도로 땅을 뒤엎고 개간해야 되는지 결정하게 됩니다.

24절의 "파종하려고 가는 자"라는 말씀에서 밭을 뒤집어엎는 목적이 오직 씨를 뿌리려는 데 있음을 알 수 있습니다. 또한 25절에는 "지면을 이미 평평히 하였으면"이라는 말씀이 있는데, 이는 그 지면이 평평하게 될 때까지만 뒤집어엎으신다는 것입니다. 씨 뿌리는 사람은 씨앗을 뿌리기 전에 어느 정도의 시간을 들여 밭을 뒤집어엎어야 할지 계산합니다. 뿌리려는 씨앗의 크기와 특성에 따라서 얼마나 깊이 갈아엎어야 되는지, 또 얼마나 오래 갈아야 되는지 생각하면서 씨를 파종할 만한 상태가 될 때까지 갑니다. "어찌 끊이지 않고 갈기만 하겠느냐"(24절)는 말씀처럼 하나님은 그저 무한히 갈지 않으십니다. 하나님은 밭의 상태를 들여다보며 정확하게 그 시간을 조정하면서 가십니다. 하나님은 정확한 지혜를 가지고 고난의 쟁기질을 하십니다. 타이밍이 정확하신 하나님이십니다.

그러나 이처럼 고난의 기간을 정하시는 하나님의 지혜를 이해하지 못하는 사람들은 이렇게 얘기합니다.

"어찌하여 저의 고난은 이렇게 끊이지를 않습니까? 다른 사람들은 금방 회복시켜 주시는데 어찌하여 저는 고난이 꼬리를 물고 계속 다가옵니까? 왜 저에게는 혹독하게 대하십니까?"

때로는 개인의 고난에 대해서뿐만 아니라 우리 민족의 고난에 대해서도 하나님께 의문을 품을 수 있습니다.

"하나님, 왜 우리 한민족만을 유달리 혹독하게 대하십니까? 우리가 다른 민족처럼 다른 나라를 침략한 적이 있습니까? 하나님, 일본과 비교 좀 해 보세요. 저들은 못된 짓을 하고도 나눠지지 않고 저렇게 잘 사는데 우리 민족은 남에게 해를 끼친 것이 없는데도 세계 역사에서 가장 오랜 분단국가가 되고, 이데올로기 때문에 전쟁이 일어난 유일무이한 나라가 되었습니다. 저 베트남 민족보다도 우리는 더 오랜 고통을 당합니다. 하나님, 왜 이렇게 우리의 고난이 길단 말입니까?"

우리는 때로 하나님께 이해할 수 없다고 질문을 던집니다. 불평을 하기도 합니다. 그러나 오늘 이 말씀을 묵상할 때 그 의문을 벗어나서 하나님을 찬양하게 됩니다. 하나님은 심어야 할 씨의 뿌리를 염두에 두시며 밭을 가십니다. 작은 씨, 뿌리가 얕은 나무를 심으시려면 적당히 밭을 가십니다. 적당한 고난으로 쟁기질하고 끝냅니다. 그러나 뿌리가 깊고 높이 솟는 나무를 심기 원하시면 때로는 우리가 감당할 수 없을 정도의 깊은 갈아엎음과 견딜 수 없을 정도의 오랜 고난을 주시는 것입니다.

저는 한민족과 한국 교회에 이렇게 오랫동안 고난을 주신 하나님을 찬양합니다. 하나님은 우리 민족과 우리 교회 안에 세계선교의 큰 나무를 심으시려고, 긴 고난과 오랜 연단 속에서 이 복음의 씨를 심으셨기 때문입니다. 사실 통일의 과정은 그렇게 쉽지가 않습니다. 앞으로의 통일 과정은 우리에게 더 많은 고난을 줄 것입니다. 독일이 통일될 당시 동독은 이미 당시의 사회주의

권에서 가장 기술이 발달한 나라였습니다. 서독의 기술적 지원을 받은 동독 제품은 사회주의권에서 최고의 품질을 자랑했습니다. 동독제 자동차와 가전제품이 러시아, 동유럽, 중국, 북한까지 수출되면서 당시 동독은 사회주의권에선 가장 잘사는 나라였습니다. 동독이 무너질 당시 동독의 국민소득은 무려 1만 달러가 넘었습니다. 하지만 통일 후에 독일 국민은 아주 큰 혼란과 고난을 당했습니다.

정작 통일이 되고 나서 발견한 놀라운 사실은 동독의 산업시설 중 계속 쓸 수 있는 것이 거의 하나도 없다는 사실이었습니다. 전부 다시 투자를 해야 했습니다. 기술자들도 전부 재교육을 해야 했습니다. 이와 같은 재설비, 재투자 기간이 무려 4년이나 걸렸습니다. 하물며 동독의 상황이 그러했는데, 앞으로의 북한은 과연 어떻겠습니까? 북한의 공장과 기술은 전부 뜯어고쳐야 합니다. 이 과정이 보통 어려운 게 아닙니다. 엄청난 부담이 남한 사회에 얹혀질 테고, 지금까지의 고난보다 더 무서운 고난이 다가올지도 모릅니다. 그러나 하나님은 이 모든 고난의 과정을 통해서 믿음을 키우실 것입니다. 21세기 세계선교의 들판에서 가장 강력하게 고난을 뚫고 일어날 하나님의 사람들을 키워 내실 것입니다. 그래서 하나님께서 한반도라고 하는 밭을 깊숙이 개간하시고 계시는 것입니다.

북한은 현재 국제 경쟁력이 전혀 없습니다. 만일 불행히도 흡수통일이라는 방식으로 남북이 통일된다면, 이 과정에서 2천2백만은 일시에 난민이 될 것입니다. 이것은 남한의 두 사람이 북한의 한 사람을 먹여 살려야 한다는 것을 의미합니다. 두 가정이 한 가정을 먹여 살려야 하는 것입니다. 우리의 생활비를 전보다 3분의 1 정도로 줄여야만 북한 사람과 우리가 다 같이 살아갈 수 있을 것입니다. 온 국민의 생활수준을 30퍼센트나 낮추어야 한다는 말입니다. 더 근면해야 하고 더 절제해야 하는 이 통일 과정은 우리에게 결코 쉬운 일이 아닙니다.

그래서 많은 사람들이 흡수통일보다는 점진적인 평화통일이 바람직하다고 보는 것입니다. 북한이 개혁개방을 통해 경제적 자립기반을 마련함으로써 남북한의 경제적 격차를 어느 정도 줄인 후에, 점진적으로 평화체제를 구축하며 통일을 이루자는 생각입니다. 그러나 이것은 우리의 희망일 뿐, 통일이 과연 어떤 형태로 다가올지는 아무도 모릅니다.

하지만 비록 최악의 방식으로 통일이 온다고 하여도 저는 하나님께서 그것을 축복으로 바꾸실 수 있다고 생각합니다. 다음 세대가 민족 재통합 과정의 고난을 통하여 고난을 이기는 복음의 능력과 경건과 절제의 훈련을 다시 한 번 깊이 받아서, 이 세대의 썩어지고 어그러져 가는 풍조를 이겨 낼 하나님의 사람들이 다시금 일어나게 될 것이라고 저는 확실히 믿습니다. 하나님께서 우리 민족으로 하여금 통일 과정이라는 격렬한 풀무불을 지나가게 하시면서, 우리를 다시 한 번 정화시켜 주실 것입니다.

하나님이 복음과 함께 그 민족에게 큰 고난을 받게 하셨을 때에는 분명히 하나님의 좋은 뜻이 숨어 있는 것입니다. 그 고난을 통해서 한국 교회가 큰 사역을 감당하게 하시려는 것입니다. 21

세기의 이 넓은 선교의 들판에서 복음의 큰 나무를 일으키시려고 한반도라고 하는 밭을 깊숙이 개간하시는 우리 하나님이신 것입니다.

하나님께서 뜻을 가지고 뒤집어엎으실 때 우리가 한 가지 유의해야 할 것이 있습니다. '하나님은 평평하게 될 때까지 뒤집어엎으신다'는 것입니다. 만약 우리가 개간하시는 하나님 앞에서 계속 완악함으로 버틴다면 하나님은 5년 쟁기질하실 것을 10년 하실 것입니다. 이는 개인에게나 교회에게나 민족에게나 동일하게 적용되는 원리입니다. 하나님 앞에서 완악하게 버티면 버틸수록 그 고난은 오래갑니다. 그래서 하나님이 우리 인생의 밭을 뒤집어엎으실 때마다 우리는 겸비해야 합니다. 겸비함으로 하나님 앞에 바짝 다가가서 "하나님, 잘못했습니다. 용서해 주십시오" 하고 회개하면, 다섯 대 때리실 매도 두 대만 때리십니다. 지혜로운 농부이신 하나님께서 우리 인생과 역사의 토양을 주의 깊게 들여다보시면서 평평하게 될 때까지 쟁기질하실 때, 우리는 빨리 겸비하여 협조해야 합니다. 우리 안에 스스로 굳어 버린 돌덩이 같은 죄악이 있으면 속히 뽑아내고, 엉겅퀴가 있으면 빨리 들어내면서 하나님께 회개해야 합니다.

"하나님, 고난의 기간을 줄여 주옵소서. 10년 걸릴 것, 5년 걸리게 해 주옵소서. 그리고 민족 재통합 과정에서 겪게 될 어려운 문제들이 독일보다 더 빨리 해결될 수 있도록 도와주옵소서."

농부는 결코 헛되이 땀을 흘리지 않습니다. 지혜로운 농부는 끊임없이 갈기만 하지 않습니다. 지혜로운 농부는 정확한 때에 정확하게 쟁기질을 멈춥니다. 우리는 현재 당하는 고통을 견딜 수 없어서 때로는 '지금 멈춰 달라'고 부르짖고 싶지만, 하나님의 지혜를 믿을 때에 내게 언제나 최선으로 대해 주시는 하나님을 기억하며, 내게 가장 유익한 때에 고난을 멈춰 주실 것을 믿음으로 기대하며 인내하게 되는 것입니다.

비록 지금은 힘들고 고통스러울지라도 주께서 이 고난의 기간을 늘리시는 것은, 그것이 내게 유익하기 때문이라는 믿음을 가지고 긍정적인 눈으로 하나님을 바라보십시오. 우리 하나님은 고난의 기간을 지혜롭게 조절하시는 참으로 지혜로우신 인생 농부이시기 때문입니다.

고난의 종류를 선택하시는 지혜

지면을 이미 평평히 하였으면 소회향을 뿌리며 대회향을 뿌리며 소맥을 줄줄이 심으며 대맥을 정한 곳에 심으며 귀리를 그 가에 심지 않겠느냐 이는 그의 하나님이 그에게 적당한 방법으로 보이사 가르치셨음이며(25–26절).

팔레스타인 농부가 밭을 잘 개간한 다음에는 씨를 뿌리기 시작하는데, 오늘날 우리와는 달리 여러 식물을 한 밭에 같이 심습니다. 맨 처음에는 밭의 한구석에 소회향이라는 키가 작게 나는 씨앗을 얇게 뿌립니다. 그 다음에는 조금 더 큰 대회향을, 그 다음에는 그보다 조금 더 큰 소맥을 뿌리고, 그 다음에는 좀더 깊게 갈은 곳에 대맥을 뿌립니다. 그리고 이 소맥과 대맥 사이에는 귀리를 죽 둘러서 뿌립니다.

이렇듯 어느 곳에, 어떤 종류의 씨앗을, 어떤 식으로 심어야 하는지에 관한 지혜도 하나님께로부터 오거늘, 하물며 하나님께서 역사의 들판에서 한반도라는 밭 위에 여러 종류의 고난을 심으실 때에 얼마나 지혜롭게 하시겠습니까?

어떤 방식과 형태로 통일이 오든지 우리는 언제든 감당할 준비가 되어 있어야 하고, 감사의 마음으로 그것을 받아야 합니다. 왜냐하면 하나님은 지혜로우신 분이기 때문입니다. 하나님 앞에서 온 국민이 겸허하게 되면, 통일방법론을 가지고 서로 논쟁할 필요가 없어집니다. 온 국민의 마음이 통일방법 때문에 분열되어서는 안 됩니다. 하나님께서 우리에게 어떤 길을 주시든지 우리는 감사함으로 받고, 그것을 최선의 것으로 여겨, 넉넉히 감당하려는 각오를 가져야 합니다.

하나님은 개인에게도 참으로 여러 가지 고난을 주십니다. 어떤 사람은 병으로, 어떤 사람은 인간관계로, 어떤 사람은 직장문제로, 어떤 사람은 남편을 통해, 또 어떤 사람은 자식을 통해 고난을 받습니다. 잘 기억하십시오. 우리 인생의 밭에서 하나님이 가장 아름답게 거두시고자 하는 열매를 위해서 바로 그런 종류의 고난을 주시는 것입니다. 각자에게서 거두시고자 하는 열매가 다르기 때문에, 다른 종류의 씨앗을 심으시는 것입니다. 어떤 사람은 대회향을, 어떤 사람은 소회향을, 어떤 사람은 소맥과 대맥을, 어떤 사람은 귀리를 거두게 하십니다. 그리고 하나님께서 거두시고자 하는 목적에 따라서 그 고난의 종류가 달라집니다.

저는 우리 민족을 통해 거두시고자 하는 하나님 나라의 열매가 남다르기 때문에, 우리에게 세계 유일의 분단국가라는 특별한 고난을 겪게 하신다고 생각합니다. 우리 남과 북의 젊은이들이 이런 고난을 잘 통과해서 21세기의 아시아와 세계 역사의 들판에서 가장 아름다운 열매를 거두게 되기를 기도합시다.

우리에게 각기 다른 고난을 주신 것에 대해서도 감사합시다. 일본과 비교해서 '왜 저쪽 나라에는 고난을 적게 주시고 우리에게만 긴 고난을 주시는가?'라고 생각하지 맙시다. 우리나라에 대해 쓰시고자 하는 바가 달라서 우리를 가장 좋은 방식으로 연단하신다고 생각하면 자기 연민과 열등감에 빠지지 않게 될 것입니다. '왜 나에게만 자꾸 이런 종류의 고난을 주시는가?'라는 자기 연민의 말을 하지 않게 될 것입니다.

고난의 강도를 조절하시는 지혜

마지막으로 생각할 것은 추수하는 방법과 관련되어 있습니다.

소회향은 도리깨로 떨지 아니하며 대회향에는 수레바퀴를 굴리지 아니하고 소회향은 작대기로 떨고 대회향은 막대기로 떨며 곡식은 부수는가, 아니라 늘 떨기만 하지 아니하고 그것에 수레바퀴를 굴리고 그것을 말굽으로 밟게 할지라도 부수지는 아니하나니(27-28절).

추수를 할 때 농부는 알곡에 적당한 압력을 가합니다. 소회향 같은 작은 씨앗은 작대기로 두들기면 껍데기만 벗겨지는 것이 아니라 알곡도 부서집니다. 그래서 조금 더 작은 막대기로 톡톡 쳐서 추수합니다. 알곡이 조금 더 굵은 대회향은 조금 굵은 막대기로, 그 다음 소맥, 대맥, 귀리 같은 것들은 말발굽을 이용하거나, 때로는 수레바퀴를 돌려서 껍질을 벗겨 내기도 합니다. 그러나 이 과정에서 변치 않는 것이 있습니다. '알곡은 절대로 부수지 않는다'는 원리입니다. 말발굽으로 열매를 밟게 할지라도 알곡은 절대 부수지 않습니다. 오직 껍질만 벗겨 냅니다.

고난이 너무 심해 감당하기 어려울 때 우리는 이렇게 부르짖습니다.

"하나님, 지금 저는 껍질만 벗겨지는 것이 아니라 살도 벗겨집니다. 저 죽습니다."

그러면 하나님은 "아니다"라고 말씀하십니다. "나는 여전히 껍질만 벗기고 있다"고 하십니다. 지혜로운 하나님은 고난의 강도를 정확하게 조절하십니다. 가장 적절한 강도의 고난 속에서 우리의 껍질만을 깨끗하게 벗겨 내십니다. 우리 하나님은 고난의 강도를 조절하시는 데 있어서 정말로 지혜로운 하나님이십니다. 이러한 농사법은 마치 다양한 고난의 실을 엮어서 아름다운 천을 만드는 직조 기술에 비유할 수 있을 것입니다.

그렇다면 하나님은 왜 이렇게 어둡고 붉고 검은 고난의 실을 섞어 넣어서 우리의 인생이나 역사의 천을 짜실까요? 붉은 실도 넣고 검은 실도 집어넣으면서 천을 짜는 동안 직조하는 사람 외에는 왜 색실을 그렇게 섞어 넣는지 사실 잘 알지 못합니다. 그러나 어떤 시인이 말한 것처럼, 인생의 베틀이 조용해지고 베틀 북이 침묵하는 때에 주께서 비로소 그것을 우리에게 보여 주실 것입니다. 왜 붉은 실, 검은 실이 우리에게 필요합니까? 가장 아름다운 무늬로, 마지막에 가장 찬란한 모습으로 하나님께 영광 돌리게 하기 위해서입니다. 지혜로우신 하나님께서 고난의 실을 가장 적절하게 넣고 빼고 하시면서 인생의 베틀, 역사의 베틀을 움직이고 계시는 것입니다.

우리는 믿습니다

하나님께서는 이사야에게 농사짓는 비유를 통하여 이렇게 말씀하십니다.

이도 만군의 여호와께로서 난 것이라 그의 모략은 기묘하며 지혜는 광대하니라 (29절).

하나님께서 120년 전에 이 땅에 복음을 주시고 성령을 부어 주셨습니다. 이후 이 땅에는 수많은 순교자의 피 흘림과 기도와

탄식이 있었습니다. 또한 지금도 저 북녘에는 그루터기와 같은, 남은 자들의 기도가 있습니다. 아울러 수많은 남한 성도들이 날마다 기도하고 있습니다. 하나님께서 우리의 기도를 들으시면서 한반도라고 하는 역사의 밭을 가다듬고 계실 때, 어찌 우리에게 놀라운 주님의 뜻과 경륜이 없겠습니까?

21세기 역사 가운데서 복음으로 이 시대의 문제를 치유할 가능성을 가장 많이 가진 민족이 바로 우리 민족입니다. 하나님께서 한국 교회를 이 마지막 시대의 파수꾼으로 쓰시려는 놀라운 경륜을 우리에게 보이십니다. 만군의 여호와께로서 나오는 지혜와 모략의 광대함과 아름다움을 믿기 때문에 우리는 앞으로 어떤 과정을 겪으며 통일을 이루어 나가든지, 기필코 가장 아름다운 열매를 하나님께 드릴 것입니다. 바로 이런 고난을 통하여 가장 아름다운 교회의 모습을 다시 회복할 것입니다.

우리는 고난을 통해서 연단될 것이고 정금처럼 주님 앞에 나아갈 것입니다. 그리고 세계에 그 아름다운 복음의 씨앗을 뿌리게 될 것입니다. 앞으로 벌어질 수많은 통일 논의와 국론의 분열 속에서도 우리 그리스도인들은 결코 혼란스러워하거나 두려워할 필요가 없습니다. 세상 사람들은 정치 지도자들이나, 주변 강대국 지도자들의 말 한마디나 기자회견 내용에 따라 이리 뛰고 저리 뛰지만 우리는 결코 그렇지 않습니다. 어떤 방법으로 하시든 하나님께서 가장 적절하게 하실 것임을 우리가 믿기 때문입니다.

오늘 이 시간 평안 가운데 하나님을 더욱 의뢰하면서 이 민족을 위해 끊임없이 기도하는 여러분이 되시길 우리 주님의 이름으로 축원합니다. 개인의 고난에 대해서도 똑같이 편안한 마음으로, 지혜로우신 하나님을 전적으로 의뢰하면서 그 독특한 아픔들을 견뎌 내시기 바랍니다. 결국은 그 모든 것이 아름다운 열매로 하나님께 드려질 것이기 때문입니다.

여호와의 군대

말씀_**에스겔** 37:1-28

> 너는 곧 이르기를 주 여호와의 말씀에 내가 에브라임의 손에 있는바 요셉과 그 짝 이스라엘 지파들의 막대기를 취하여 유다의 막대기에 붙여서 한 막대기가 되게 한즉 내 손에서 하나가 되리라 하셨다 하고(겔 37:19).

오늘 본문에는 두 현상이 나옵니다. 에스겔 37장 1-14절을 보면 하나님께서 포로 시대의 선지자인 에스겔에게 마른 뼈로 가득 찬 골짜기의 환상을 보여 주시고, 15-28절에서는 두 막대기를 하나 되게 하는 환상을 보여 주십니다.

마른 뼈와 같은 한국 교회

11절에서 하나님은 "이 뼈들은 이스라엘 온 족속"이라고 말씀하시며, 앗수르와 바벨론 같은 강대국들에 의해 포로생활을 겪고 있는 이스라엘의 처참한 상황을 마른 뼈로 가득한 바벨론판 '킬

링필드'로 묘사하고 있습니다.

하나의 민족이 갈라져서 서로에게 무의미한 소모전을 행하다가 결국에는 열방의 비웃음을 받으며 포로생활을 하고 있는 마른 뼈 같은 이스라엘의 모습은, 바로 분단 시대를 살아가는 우리 한국 교회의 모습과 유사합니다.

지난 60년 동안 한국은 세계 어느 나라보다도 이데올로기로 인해 깊은 상처를 받았습니다. 세계 어느 나라도 우리처럼 이데올로기로 인한 심각한 내전을 겪은 나라가 없습니다. 우리는 이데올로기를 비극적인 전쟁으로 체험했습니다. 그러므로 우리의 내면 속에는 이데올로기적 증오가 세계 어느 민족보다도, 더 깊이 무섭게 자리 잡았습니다.

우리의 옛 어른들은 이 이데올로기 전쟁으로 인한 엄청난 고통과 살육을 경험했습니다. 그래서 붉은 색깔만 보아도 저절로 가슴이 떨리고 두려움과 증오심이 끓어오르는 것입니다. 또 북한은 북한대로 6·25전쟁 말기에 무서운 미군기의 무차별 폭격으로 온 가족이 처참하게 살육당하는 경험을 했기 때문에 그 내면 속에 '미제에 대한 증오'가 가득 쌓여 있습니다. 그래서 남과 북 모두의 마음속에는 서로에 대한 미움과 증오가 꽉 차 있습니다.

사람이 미움과 증오를 가지고 있으면 그것이 먼저 자신의 인격을 파괴하고 자신의 내면을 무너뜨립니다. 지난 60년간의 냉전적인 증오의 결과로 오늘날 한민족 모두의 심령은 하나님의 성령의 생기가 바싹 말라서 마른 뼈처럼 되어 버렸습니다. 전쟁을 겪은 민족은, 잔혹함과 증오로 말미암아 그 정신세계가 심각하게 파괴됩니다. 지금 우리 한국 사회에서 벌어지고 있는 온갖 잔혹한 일들에 대해 한번 생각해 보십시오. 이 비정하고 흉측한 사건들이 우리 사회에서 자주 일어나는 가장 근본적인 원인은 무엇일까요? 이 근거에는 무서운 '증오'가 깔려 있습니다.

과거 냉전체제하의 이데올로기 교육은 상대방에 대한 적대와 증오를 키우는 교육이었습니다. 이제껏 우리는 어릴 때부터 그런 교육 속에서 자라왔습니다. 군대에 가서 그 증오의 교육은 더욱 심화되었습니다. 그리고 사회에 나와서도 서로 다른 입장에 있는 사람들을 이해하기보다는 적대적으로 받아들이는 투쟁의 문화 속에서 지난 30년을 살아왔습니다.

그러다 보니 우리 안에는 오랜 적대의 심리가 잠재되어 있습니다. 전 국민의 무의식 속에 깔려 있는 이 악한 증오의 기운 때문에 그리스도인들의 아가페 사랑도 점점 말라 가고 있습니다. 그래서 소위 '폭력의 일상화'가 이루어지고 있습니다. 화만 나면 불특정다수를 향한 맹목적 분노를 표출하는 습관이 우리 안에 자라고 있는 것입니다. 저는 이런 것들이 6·25전쟁의 상처라고 봅니다.

우리가 이렇거늘 하물며 지난 60년간 집단 병영 문화 속에 살고 있는 북한의 2천만 동포는 과연 어떻겠습니까? 그 사람들은 눈만 뜨면 항상 부르짖는 것이 '저 미제 원쑤……'입니다. 그들은 밤낮 증오를 교육받습니다. 북한은 증오로 가득한 선전구호로 국가를 이끌어 왔습니다. 그들 속에 숨어 있는 증오의 깊이는 이루 말할 수가 없습니다.

　남과 북의 백성들의 심령 상태는 마른 뼈와 같습니다. 생명이 없고 사랑이 없습니다. 우리 남쪽은 북쪽보다 낫겠거니 하지만, 요즘 일어나는 강력 사건들을 볼 때 우리는 하나님 앞에서 그 어느 때보다도 솔직히 "하나님, 그렇습니다. 우리도 마른 뼈입니다. 생명이 없습니다"라고 인정해야 할 것입니다.

하나님의 생기를 받은 군대

　그러면 우리는 과연 어떻게 하여야 이 오랜 증오와 폭력의 악순환에서 벗어날 수 있을까요?

　오늘 하나님은 오직 하나님의 생기(生氣)만이 이 문제를 해결할 수 있다고 말씀하십니다. 그렇습니다. 우리 한국 사람들의 심령 속의 이 메마름과 피폐함을 다시 소생시킬 수 있는 유일한 힘은 오직 하나님 안에 있습니다.

　에스겔이 말씀을 대언할 때 홀연히 하나님의 생기가 불어왔습니다. 그것이 그들 속에 들어갔더니 그들이 변화해서 하나님의 군대가 되었다고 합니다. 하나님의 '백성'만으로는 부족합니다. 오늘 하나님은 여호와의 '군대'가 일어나기를 원하십니다. 이것은 오직 하나님의 신(생기)으로 된다고 말합니다. 여기서 '생기'라는 단어의 히브리 원어 '루아흐'는 '바람' 혹은 '힘', '하나님의 입술의 기운'이라는 뜻을 가지고 있습니다. 이것이 신약에서는 '프뉴마', 즉 '영'으로 번역되고 있습니다. 따라서 오늘 불어

온 이 하나님의 생기는 하나님의 성령으로 말미암은 영의 바람이었습니다. 하나님께서 사람을 창조하실 때 흙으로 빚으시고 그 코에 생기를 불어넣으셔서 생령이 되게 하셨습니다. 하나님은 마른 뼈 상태의 모습을 보시면서 이 백성에게 진정으로 필요한 것은 바로 태초의 생기라고 에스겔에게 말씀하십니다. 하나님의 생기가 불어와야 이들이 살아나고, 하나님의 생기가 불어와야 이들이 비로소 하나님의 군대가 되는 것입니다.

요한복음을 보면, 예수님이 부활 후 첫날에 제자들 가운데 나타나셨습니다. 제자들이 문을 꽁꽁 닫고 있는데 주님이 나타나셔서 그 손의 못자국과 옆구리의 창자국을 보이시며 "너희에게 평강이 있을지어다…… 아버지께서 나를 보내신 것같이 나도 너희를 보내노라"(요 20:19-21)고 말씀하셨습니다. 그러고는 신·구약 성경 어느 곳에서도 찾아보기 힘든 아주 특이한 '행위'를 하십니다. 제자들을 향하여 숨을 후욱 내쉬는 이상한 행동을 하신 것입니다. 그런 다음 "성령을 받으라 너희가 뉘 죄든지 사하면 사하여질 것이요"(요 20:22-23)라고 말씀하십니다.

제자들을 향해 후욱 하고 숨을 내쉬는 이 특이한 행동은 오순절에 임하실 성령의 바람, 즉 예수의 숨, 생기를 가리키는 상징적 행위였습니다. 열흘 후 오순절에 홀연히 마가 다락방의 120문도에게 성령이 임하셨습니다. 그때 "급하고 강한 바람 같은 소리"(행 2:2)가 있었다고 성경은 기록하고 있습니다. '급하고 강한 바람'이 아니라 '급하고 강한 **바람 같은 소리**'가 있었다고 했습니다. "쏴아—" 하는 바람 소리가 사방으로부터 들려오는데, 실제로는 바람이 전혀 불지 않았고, 오직 소리만 가득하였습니다.

마가 다락방에 불어온 바람은 과연 어떤 바람이었기에 소리만 들렸을까요? 이 바람은 자연 바람이 아니라 성령의 바람이었습니다. 부활하신 주께서 하늘 보좌에서 마가 다락방을 향하여 정확하게 초점을 맞추셔서 약속대로 그 입김을 후욱 하고 불기 시작하셨습니다. 그래서 그 순간에 급하고 강한 바람 같은 소리가 마가의 다락방에 꽉 찼습니다. 이 바람은 영적인 바람인지라 제자들의 머리카락이 하나도 흔들리지 않는 가운데, 오직 성령만이 가득 임했습니다. 두려워 떨던 예루살렘 초대교회가 드디어 여호와의 군대로 불끈 일어섰습니다. 강력한 회개운동이 일어나기 시작합니다. 무수히 많은 백성이 하나님께로 돌아옵니다. 이 일이 오늘날 한국 교회에도 일어나야 합니다. 우리는 피폐하고 메마른 남쪽 교회에 하나님께서 성령의 생기를 다시 불어 주시기를 간절히 간구해야 합니다. "약속하신 그 성령의 생기를 보내 주시옵소서. 골짜기의 마른 뼈처럼 누워 있는 우리의 심령에 그 성령의 생기를 다시 허락하시옵소서"라고 부르짖어야 합니다.

네 손에서 하나가 되리라

그 막대기들을 서로 연합하여 하나가 되게 하라 **네 손**에서 둘이 하나가 되리라 (겔 37:17).

하나님께서 마른 뼈 같은 이들을 성령의 생기로 살리시겠다는 첫 번째 비전을 보여 주신 다음, 에스겔 선지자에게 두 번째 비전을 보여 주십니다. 바로 이스라엘과 유다의 막대기를 연합하여 하나가 되도록 그 손에 잡고 있는 비전입니다.

여기서 "네 손"은 어떤 손입니까? 선지자의 손, 바로 교회의 손입니다. 하나님은 다른 손을 통해서 연합하게 해 주시겠다고 약속하지 않으십니다. 아마 남북이 서로 활발히 교류하기 시작하면 무수히 많은 사람이 북에 드나들면서 서로 하나가 되자고 손을 잡을 것입니다. 그러나 하나님이 축복하시고 진정으로 하나가 되게 하시는 손은 오직 교회의 손입니다. '성령의 생기를 받은 자들의 손'입니다. 죄를 사하는 권세와 능력을 하나님께로부터 받은 자들이 서로를 붙잡아야만, 비로소 죄로 나누어진 이 민족이 하나가 될 수 있는 것입니다. 성령의 생기로 충만한 사람들이 서로의 손을 잡을 때에만 진정으로 하나 되는 일이 일어나기 시작하는 것입니다. 오늘 남북 교류의 수많은 손들 중에서 하나님이 친히 손을 얹어 주시고 축복해 주시는 유일한 손은 바로 교회의 손이라는 것을 기억하십시오!

저는 한국 교회에 대해서 굉장히 낙관적으로 봅니다. 2천 년 교회 역사 가운데 한국 교회처럼 성경공부 수준이 높은 교회가 없습니다. 한국 교회는 문맹률이 거의 0퍼센트입니다. 한국 교회의 교인들은 거의 다 스스로 성경을 읽을 수 있습니다. 거기다 한국 교회는 유교 사회의 영향을 받아서인지 일단 시작하면 성경공부도 마치 입시공부하듯이 열심히 합니다. 평신도의 성경 지식

수준이 한국 교인들처럼 높은 데가 세계 교회 역사상 거의 없습니다.

또 아시아의 신학박사 80퍼센트가 한국에 있습니다. 미국 같은 나라는 운영난 때문에 신학교가 자꾸 문을 닫는데, 한국은 신학교를 세우기만 하면 신학생들이 들어옵니다. 한 동네의 다방 숫자보다 교회 숫자가 더 많고 그래서 "동네의 마담 숫자보다 더 많은 게 목사"라는 조롱을 받을 정도로 목사 인플레 현상이 일어나고 있습니다.

그러나 제가 개척 목회를 하면서 느낀 것이 한 가지 있습니다. 하나님이 이처럼 목사, 교회, 신학교가 난립하는 인플레 과정을 통해 한국 교회를 정화하고 계신다는 것입니다. 하나님께서 왜, 한반도 남쪽의 좁은 땅에 복음사역에 헌신하겠다는 사람들을 학력과 지위 고하를 막론하고 많이 일으키셨을까요? 하나님은 지금 한국 교회에 뭔가 영적인 고농축을 시키고 계십니다. 21세기에 있을 큰 영적 전쟁을 내다보고 한국 교회를 준비시키고 계십니다.

저는 한국 교회를 볼 때마다 놀라는 것이 있습니다. 여러분에게 대통령 명(命)으로 "매 주일 오전 10시부터 12시 사이에 1시간 동안만 동사무소에 와서 동장님 훈화를 듣고 가면 주일마다 만 원씩 주겠다"라고 선포하면 평생 동회에 나가실 분이 과연 얼마나 있을까요? 와서 좋은 말 듣고 돈도 받아 가라고 하며 때로 대학 강사를 초빙해 강의를 열어도, 매주 아침에 동사무소에 와서 그 강의를 듣고 갈 사람은 별로 없을 것입니다.

그런데 교회는 참 이상하지 않습니까? 아무도 강요를 안 하는데 매 주일 온 가족이 교회에 나옵니다. 더군다나 스스로 돈을 내면서 옵니다. 지금 남쪽에 있는 여러 사회 공동체들을 아무리 살펴봐도 매 주일 이렇게 모이는 공동체가 없습니다. 매 주일 모이는 것도 모자라서 주일 저녁, 수요일 저녁, 주간 성경공부, 구역 성경공부 등 시시때때로 모입니다. 아주 신비합니다. 사회 교육, 국민 교육 차원에서만 보더라도 한국 교회가 지닌 교육적 잠재력이 얼마나 훌륭합니까? 만일 한국의 모든 교회가 하나님 앞에서 어두운 민족의 현실을 붙들고, 나눠진 민족을 두 손에 하나되게 붙들고 일어난다면 이는 엄청난 민족 구원의 통일 세력이 될 것입니다. 한국의 천만 성도가 하나님의 생기로 다시 살아나서 하나님의 군대로 변한다면, 우리 시대에 통일 한국의 영광을 기필코 보고야 말 것입니다.

하나님 손에서 하나 되는 영적 통일

좀더 나아가 오늘 우리에게 한 가지 더 위로가 되는 것은 19절 말씀입니다.

너는 곧 이르기를 주 여호와의 말씀에 내가 에브라임의 손에 있는바 요셉과 그 짝 이스라엘 지파들의 막대기를 취하여 유다의 막대기에 붙여서 한 막대기가 되게 한즉 **내 손에서 하나**

가 되리라 하셨다 하고

여기서 "내 손"은 바로 '하나님의 손'입니다. 교회의 손에서 하나로 만들겠다고 약속하신 하나님께서 이제 하나님의 손 안에서 하나 된다고 약속하시는 것입니다. 따라서 이 통일 과정을 통해서 한국 교회가 체험하는 것은 '하나님 손 안에서 하나가 되는' 영적인 통일입니다. 옛 이스라엘은 죄 때문에 나뉘어졌습니다. 솔로몬 때로부터 시작된 우상 숭배, 그리고 르호보암과 여로보암 같은 정치 지도자들의 잘못 속에서 남북이 나뉘었습니다. 우리 민족도 마찬가지입니다. 한말 이씨 왕조의 무능 때문에 동학난이 일어났을 때 이씨 왕조와 사대부들은 자신들의 기득권을 놓기 싫어서 외국 군대를 불러들이면서까지 자기 백성을 죽였습니다. 그 결과 이 땅에 들어온 청나라 군대와 일본 군대는 조선반도의 지배권을 놓고 서로 다투었고 결국 청일전쟁과 러일전쟁까지 일으켰습니다. 그리고 한반도는 일본 손에 넘어갔습니다.

그런데 일제하에서도 우리는 하나가 되지 못했습니다. 독립운동을 하는 사람들까지도 좌파와 우파로 나뉘었습니다. 1940년대 이후에 만주에서 일어난 좌파 계열의 항일무장투쟁의 역사를 보면, 중국의 홍군과 연대해서 빨치산 투쟁을 하던 중에 일본군과 싸워 죽는 숫자보다도 서로 노선투쟁을 하다 죽은 사람이 훨씬 더 많다는 기록이 나옵니다. 이런 좌우의 분열은 8·15해방 이후에도 계속되었습니다. 그 결과 남북이 분단되었고 6·25전쟁까지 치렀습니다.

이처럼 오랜 역사를 가지고 있는 이 민족의 고질적인 죄인 분열과 증오는 과연 어떻게 치료될 수 있을까요? 하나님의 손, 용서의 손, 화목의 손, 십자가에 못박히신 바로 그 손이 얹혀져야만 이 민족의 오랜 죄는 사라지는 것입니다. 진정으로 하나 되게 하는 통일의 힘은 오직 하나님의 손이 덧입혀질 때에 일어나는 것입니다. 하나님의 손이 교회의 손 위에 얹혀질 때만이 온전한 통일이 이루어지는 것입니다. 이것이 하나님께서 우리 한국 교회에 주시는 소망과 비전입니다. 그러므로 교회는 먼저 이 민족 앞에서 에스겔처럼 올바른 선지자적 실천을 해야 하는 것입니다.

선교 한국의 비전을 품고

우리는 한 가지 아주 유쾌하고 긍정적인 선교 한국의 비전을 가질 수 있습니다. 통일의 과정은 비록 고통스럽고 힘들지 모르지만, 저는 그 후에 있을 선교 한국의 영광을 생각할 때마다 가슴이 뜁니다.

북한 사회는 유사종교적인 집단입니다. 지난 60년간 북한 사람들은 주체사상이라고 하는 엄청난 카리스마 밑에서 살았습니다. 그래서 간첩에서 전향하거나, 북쪽에서 탈출하여 남쪽으로 내려온 사람들은 대부분 이 강력한 주체사상이 깨진 후의 심리적 불안을 못 견뎌 합니다. 그들은 대체로 기독교로 개종하는데, 성경공부하고 제자훈련하는 교회보다는 주로 강력한 성령의 카리스마가 강조되는 교회에 출석하게 됩니다. 따라서 통일 이후 북한의 선교 상황은 엄청난 성령의 카리스마가 나타나는 영적 전쟁터가 될 것입니다.

그렇기에 이 마지막 싸움을 잘 감당하려면, 무엇보다도 먼저 성령의 능력을 받아야 합니다. 저는 북한 선교 과정에서 바로 이 놀라운 성령의 새로운 역사가 다시 일어나게 되리라고 생각합니다. 북한 교회와 남한 교회가 이 과정에서 새롭게 갱신되는 놀라운 역사가 일어날 것이라고 믿습니다. 또 그때 북한의 젊은이들 가운데에 강력한 성령의 역사가 일어나 세계 선교에 헌신하는 정말 놀라운 일이 일어날 것이라고 저는 내다봅니다. 그래서 남쪽의 그리스도인들이 감당 못하는 선교의 마지막 대사명을 북에 있는 그리스도인들을 통해 이루실지도 모른다는 역설적 희망을 갖습니다. 웬만한 고난은 고난으로 여기지 않고 아무리 험난한 곳도 거리낌 없이 복음을 들고 갈 만큼 연단된 교회, 무서운 고난을 이겨 낸 여호와의 군대를 하나님께서 북한 땅에서 일으키실 것이기 때문입니다. 그리고 그들이 21세기의 영적 전쟁을 최전선에서 감당하게 하실 것입니다. 아골 골짝에서 마른 뼈들을 일으키시듯 21세기의 여호와의 군대는 북녘 땅에서 나타날 것입니다.

이렇듯 우리는 북한 땅에 임할 하나님의 영광에 대한 놀라운 소망이 있습니다. 그러므로 우리는 이 소망을 품고, 선교 한국의 영광을 가슴에 품고 기도해야 합니다. 우리가 통일 과정에서 겪는 고통보다는 그 후의 영광이 더 클 것을 믿습니다. 통일에 들어가는 비용보다는 통일의 열매가 몇 십 배 훨씬 클 것을 믿습니다. 하나님은 이것을 염두에 두시고 지금 한국 교회를 바짝 연단하고 계십니다. 현재 하나님의 손이 한국 교회 위에 얹혀 있다고 저는 생각합니다.

성경공부와 제자훈련으로 잘 닦여진 남한 교회의 기초 위에 성령의 생기가 불어와서 북한 청년들과 더불어 강력한 하나님의 군대로 재편되기를 소망합니다. 하나님은 한국 교회를 사용하셔서 동북아시아의 너른 들판으로 나아가게 하실 것입니다. 중국과 러시아, 우크라이나, 소아시아를 향해 하나님의 군대가 나아가도록 하실 것입니다.

또 저 연변은 마치 중국의 안디옥교회 같은 곳이라 할 수 있습니다. 그곳에는 중국어를 능숙하게 사용하는 2백만 조선족이 있습니다. 하나님이 남한 4천만, 북한 2천만, 연변 조선족 2백만 위에 성령의 역사를 한꺼번에 일으키시면, 영적 불모지인 중국과 중앙아시아 그리고 이슬람 지역은 정말 우리 손 안에 있게 됩니다. 북한 선교는 중국 선교와 이슬람 선교라는 거대한 골리앗을 무너뜨리기 위한 일종의 예비 전에 불과할지도 모릅니다.

우리는 통일의 과정에서 남한 교회가 복음의 능력을 새롭게 회복하는 것을 볼 것이고, 북한 교회에 하나님의 생기가 부어져 강력한 하나님의 군대가 일어나는 것을 보게 될 것입니다. 그리고 메시아의 권능으로 열국을 하나님께로 이끄는 일에 이 7천만 한민족이 쓰임 받는 위대한 21세기의 영적 대추수를 보게 될 것입니다.

화평케 하는 자

> 화평케 하는 자는 복이 있나니 저희가 하나님의 아들이라 일
> 컬음을 받을 것임이요(마 5:9).

예수님은 산 위에 모인 무리를 향하여 일곱 번째 축복에 대하여 말씀하고 계십니다. 당시 폭압적인 로마의 치하에서 유대와 사마리아로 나뉘어 증오와 원한으로 대립하고 있던 이스라엘 사람들에게 예수님은 '화평케 하는 자, 즉 평화를 만들어 내는 자(peace-maker)가 참으로 복된 자'라고 선포하고 계십니다.

2천 년 전 팔레스타인의 옛 제자들처럼, 지난 60년간 강대국들의 영향 아래 남과 북으로 나뉘어 불신과 증오의 담을 높이 쌓아 온 이 한 많은 한반도의 그리스도인들은 특별히 일곱 번째 축복을 충만히 누려야만 비로소 이 세상 사람들로부터 "과연, 하나님의 아들답다!"라고 일컬음을 받게 될 것입니다. 분단의 땅, 증오의 한반도에서 한국 그리스도인들이 드디어 '하나님의 아들'로

서 인정받아 하나님께 무한한 영광을 돌리게 되는 가장 축복받은 상태, 행복한 순간은, 바로 평화를 일구어 낼 때라는 것이 오늘 주님의 가르침입니다.

산헤드린의 평화

'평화[화평]를 만드는 자' 라는 주님의 말씀 속에는 '아직 이 땅에는 진정한 평화가 없다' 는 사실이 전제되어 있습니다. 즉, "이 땅에는 참평화가 없다. 그러니 너희는 평화를 만들어 내야 한다" 는 뜻입니다. 사실 예수님이 이 땅에 오시기 전에는 온 세상에 참평화가 없었습니다. 그런데도 이스라엘 땅에는 항상 거짓 선지자들이 나타나 '거짓평화'를 외쳤습니다. 그들은 이 땅에 이미 평화가 왔다고 외쳤습니다.

예레미야 6장 12-14절에 보면, 여호와께서 "내가 그 땅 거민에게 내 손을 펼 것인즉 그들의 집과 전지와 아내가 타인의 소유로 이전되리니 이는 그들이 가장 작은 자로부터 큰 자까지 다 탐남하며 선지자로부터 제사장까지 다 거짓을 행함이라 그들이 내 백성의 상처를 심상히 고쳐 주며 말하기를 **평강하다 평강하다 하나 평강이 없도다**"라고 말씀하셨습니다.

무슨 뜻입니까? 한마디로 거짓 선지자들이 주장한 평화는 '하나님의 평화'가 아니라 '인간의 평화'였으며, '천국의 평화'가 아니라 '제국의 평화'였다는 것입니다. 거짓 선지자들은 죄 많은 유다의 왕들과 이스라엘의 부패한 권력자들이 힘과 권세로 유지하는 불의한 인간 왕국의 평화를 지지했으며, 심지어는 '바벨론의 평화'나, '페르시아의 평화', '로마의 평화'를 옹호하며 그것에 순응하여 조용하게 사는 것, 즉 '노예의 평화'를 참평화라고 주장했습니다. 그런데 그것은 거짓평화였습니다. 일제 시대에도 그런 거짓 선지자들이 많았습니다. 그들은 일본 제국주의의 평화를 찬양했고, 황국신민이라는 노예의 평화를 지지했으며, 스스로 신사참배라는 우상숭배를 행했습니다. 그리고 더 나아가 주기철 목사 같은 이 땅의 의인들을 오히려 '평화를 깨는 자'로 몰아세우며 죽였습니다.

요한복음 11장 47절 이하에 보면, 예수님 당시의 산헤드린 지도자들도 바로 똑같은 논리로 예수님을 죽였습니다.

> 이에 대제사장들과 바리새인들이 공회를 모으고 가로되 이 사람이 많은 표적을 행하니 우리가 어떻게 하겠느냐 만일 저를 이대로 두면…… 로마인들이 와서 우리 땅과 민족을 빼앗아 가리라 하니…… 대제사장인 가야바가 저희에게 말하되…… 한 사람[예수]이 백성을 위하여 죽어서 온 민족이 망하지 않게 되는 것이 너희에게 유익한 줄을 생각지 아니하는도다(요 11:47-50).

예수님이 선포한 '하나님 나라의 평화'(*PAX DIVINA*)보다 '로마의 평화'(*PAX ROMANS*)가 깨지는 것이 더 무서워 당시의 대제사장 가야바와 산헤드린 공의회는 예수를 죽이기로 공모한 것입니다. 이것이 바로 '산헤드린의 평화', 즉 거짓평화의 본질인 것입니다. 거짓평화는 그 죄 된 본질을 유지하기 위하여 결국에는 평화의 왕 예수 그리스도를 죽였습니다.

마찬가지로 복음에 순복하지 않은 정치적 평화, 이데올로기의 평화는 결국은 적그리스도적 성격을 지닙니다. 그것은 겉으로는 항상 평화를 주장하면서도 속으로는 증오의 칼날을 갈고 있는 것입니다. 그런 점에서 우리는 북한의 주체 이데올로기에 의해 주장되는 적화통일의 구호나 남한의 자본주의 이데올로기에 의해 선호되는 흡수통일이 모두 군사력이나 경제력에 바탕을 둔 소위 '힘에 의한 평화'이지, 결코 자기희생과 겸손으로 표상되는 '십자가의 평화'가 아니라는 사실을 직시해야 합니다. 그것은 땅과 하늘만큼이나 거리가 먼 세상의 평화에 불과한 것입니다.

그리스도의 평화

그렇다면 우리 주님이 가르쳐 주신 '참평화'란 과연 어떤 것일까요?

첫째로, 그것은 '정의'(justice)에 기초한 평화입니다. 거짓 평화주의자들은 항상 '정의'와 '평화'를 분리합니다. 그들은 악법을 유지하고 백성의 자유와 기본인권과 생존권을 짓밟으며 자기들의 권력을 현상 유지하기 위한 평화를 평화라고 주장합니다.

로마의 평화가 그랬고, 일제의 평화가 그랬고, 군사독재의 평화가 그러했고, 주체의 평화가 그랬습니다. 이들이 주장하는 평화 통일이란 말도 바로 그러한 자신들의 기득권과 권력을 유지하면서 이루는 통일을 말하는 것으로서 일종의 거짓평화인 것입니다.

그러나 예수님이 우리에게 가르치신 참평화는 그렇지 않습니다. 예수님의 참평화는 정의를 추구하는 평화입니다. 그것은 의를 위하여 핍박받는 자만이 누리는 평화입니다. 저는 여섯 번째 축복의 대상인 '의를 위하여 핍박받는 자'가 바로 이 일곱 번째 축복의 대상자가 이 세상에서 받는 고난을 설명해 주고 있다고 생각합니다. 즉, 칠복은 육복의 결과이고, 또한 팔복은 칠복의 결과인 것입니다. 한마디로, 화평케 하는 자는 정의를 구하는 자이므로 기꺼이 의를 위하여 핍박을 받는 과정을 거치게 된다는 가르침인 것입니다.

둘째로, 예수님의 평화는 '칭의'(justification)에 기초한 평화입니다. 성경에 쓰인 '의'(righteousness)라는 말은 '정의의 의미'와 '칭의의 의미'가 함께 담겨 있는 단어입니다. 예수님의 평화의 뿌리는 하나님의 정의입니다. 그렇다면 왜 사람들은 하나님의 정의에 이르지 못하고, 또 정의의 평화를 만들어 내지 못하는 것일까요?

성경은 바로 우리 인간의 죄 때문이라고 말씀하고 있습니다. 죄 때문에 인간은 하나님과 분열되었고, 자기 양심과 이율배반의 갈등을 겪으며 형제를 살해하는 가인의 자리로 나아갔다고 분명히 말씀하고 있습니다. 평화가 없는 곳, 분열과 소외가 있는 곳에는 그 뿌리에 항상 죄가 있습니다. 이 죄는 아담과 하나님을 분열시켰고, 가인의 형제 살해로, 모든 민족과 민족의 투쟁으로, 지역과 지역의 갈등으로, 인종분쟁으로, 종교전쟁으로, 이데올로기 투쟁으로 확산되었습니다. 예수님은 바로 이 죄로 말미암은 수많은 분단의 벽을 헐기 위해 이 땅에 오셨습니다. 사죄함 없이 평화는 없습니다. 속죄함 없이 하나 됨은 없습니다. 마찬가지로 칭의 없이 평화는 없는 것입니다.

예수님은 십자가에서 바로 이 속죄하는 피 흘림의 사역을 통해 평화의 사역을 완성하신 것입니다. 그리고 이 사죄의 은총을 얻은 자들로 하여금 '평화를 이루는 자'로 삼기를 원하신 것입니다. 그래서 주께서 '화평케 하는 자'(칠복) 앞에 '마음이 청결한 자'(육복)를 먼저 두심으로써 하나님과의 관계에서 죄사함이 이루어진 청결한 자만이 원수된 것을 화평케 할 수 있다는 메시지를 논리의 연결고리 속에서 강하게 전달하고 계신 것입니다. 즉, '칭의 없이 평화는 없는 것'입니다. 그래서 예수님은 '힘'을 평화의 기초로 삼는 세상 평화와는 달리 '십자가에 매달리심'을 그 표상으로 기꺼이 삼으신 것입니다. 마찬가지로 한국 교회는 십자가, 즉 죄 사하는 복음의 능력으로 남북통일, 평화통일의 기초를 놓아야 할 것입니다.

평화통일은 성령의 열매로

그래서 사도 바울은 에베소서 2장 14절에서 "그는 우리의 화평이신지라 둘로 하나를 만드사 중간에 막힌 담을 허시고"라고 했으며, 고린도후서 5장 18절에서는 "우리에게 화목하게 하는 직책을 주셨으니"라고 했습니다. 그렇습니다! 한국 교회는 우리 민족의 죄의 뿌리를 뽑을 수 있는 사죄의 능력을 가져야만 비로소 이 백성을 화목케 하는 직책을 바르게 감당할 수 있는 것입니다.

민족마다 그 죄의 기질과 특성이 각각 다르게 나타난다고 기독교 문화인류학자들은 말합니다. 가나안 족속은 음란함 때문에 망했고, 갈대아 족속은 잔혹함 때문에, 에돔은 교만 때문에 망했다고 구약의 선지자들은 증언했습니다. 아모스 같은 선지자는 중근동 여러 민족의 죄악을 낱낱이 지적하면서 그들이 심판받는 이유를 각각 다르게 설명했습니다(아모스 1장).

그렇다면 우리는 스스로 우리 민족의 가장 두드러진 죄악 중 하나로 무엇을 지적할 수 있을까요? 저는 바로 '시기와 분열'이라고 자인하고 싶습니다. 우리는 가인이 빠졌던 바로 그 죄에 가장 가까이 가 있는 민족인 것입니다. 민족국가 형성기인 삼국 시대의 분열과 조선 말의 사색당쟁, 오늘날의 동서갈등, 그리고 6·25전쟁을 통한 남북간 형제 살해의 참혹한 역사는 바로 우리 민족의 죄의 뿌리인 '분열'의 극심함을 직시하게 해 줍니다.

이처럼 우리 민족의 분단의 뿌리에는 민족적 원죄와도 같은 분열의 깊은 죄가 맞닿아 있기 때문에 평화통일을 이루기 위한 한국 교회의 발걸음의 시작은 성령 안에서 화평의 열매를 누릴 수있을 때에만 가능합니다. 즉 평화통일도 영적인 차원에서 시작되는 '성령의 화목케 하시는 능력'을 받을 때에만 가능한 것입니다. 한국의 그리스도인들과 교회가 이 '평화의 영'으로 충만해질때 비로소 죄와 분열과 증오와 전쟁으로 얼룩진 이 참혹한 땅에화해와 평화의 싹이 나고 열매가 맺힐 것입니다. 그래서 주님이축복하신 '화목케 하는 자'란 바로 '성령의 열매-화평'이 가득한자를 가리키는 말인 것입니다.

6·25를 민족 화해의 날로

남북의 7천만 동포들로부터 우리 그리스도인들이 하나님의 아들이라 일컬음을 받기에 합당한 자격을 갖추기 위해서는, 경직될대로 경직되어 버린 남북의 분단 상황 앞에서 겨레를 화목케 하는 직책을 잘 감당해야 합니다. 그런 차원에서 한국 교회는 6·25를 '전쟁 기념일'이 아닌 '민족 화해의 날'로 선포할 필요가 있습니다. 서로를 증오하고 살육했던 참혹한 6·25전쟁을 민족 화해의 날로 삼는 것은, 십자가를 죽음의 상징이 아니라 부활의 상징으로 삼는 기독교 전통과 너무도 잘 어울리는 신앙적 역설입니다. 기독교는 '역설'(Paradox)의 종교입니다. 고난을 영광으로, 절망을 희망으로, 죽음을 부활로 바꾸는 하나님의 역설이 계시로 선포된 종교입니다. 분단을 고착화시킨 참혹한 전쟁기념일이 이제 민족 화해의 생명샘으로 바뀔 수 있도록 우리 교회가 믿음 안에서 이날을 민족 화해의 날로 선포해야 합니다. 그리고 세상 끝까지 '화목케 하는 자'로서의 삶을 실천하는 우리가 되기를 성령 안에서 더욱 간구해야 할 것입니다.

예수의 통곡

가까이 오사 성을 보시고 우시며 가라사대 너도 오늘날 평화에 관한 일을 알았더면 좋을 뻔하였거니와 지금 네 눈에 숨기웠도다(눅 19:41-42).

누가복음 19장 41-44절을 보면, 예수께서 예루살렘에 입성하시는 장면이 있습니다. 그런데 누가는 예수께서 예루살렘에 가까이 오사 성을 보시고 '우셨다'고 기록하고 있습니다. 여기서 '우셨다'라는 동사(εκλαυσεν, 에크라우센)는 '일반적인 울음'을 나타내는 것이 아니라 '통곡'하는 것을 말합니다. 예수께서 계속하여 끊임없이 우셨음을 의미합니다. 지금 예수님은 '방성대곡'을 하고 계신 것입니다. 속에서부터 끓어오르는 슬픔을 견딜 수 없어서 목 놓아 우시는 깊은 슬픔, 애간장이 저미는 슬픔을 쏟아내시고 계십니다.

2002년 6월, 제가 평양을 첫 방문하였을 때 이와 비슷한 경험을 했습니다. 평양 방문 5일째 되는 날 목요일 새벽기도 중에 저는 북한 주민을 불쌍히 여기시는 하나님의 애통을 깊이 체험했습니다. 지난 5일간 보았던 북한의 어두운 현실과 미래 앞에서 견딜 수 없는 연민과 고통이 밀려오는데, 보통강 호텔의 베란다에서 그만 애곡하고 말았습니다. 그때 바로 이 본문이 생각났습니다.

'우리 주님도 이스라엘에 닥칠 처참한 미래와 고난을 내다보시며 그렇게 슬퍼하셨구나.'

자기 백성들의 완악함과 그로 인한 참혹한 결과를 고통스럽게 바라보셔야 했던 하나님의 슬픔을, 성령께서는 제게도 체험케 하셨습니다.

주님의 눈물

주님은 왜 그처럼 방성대곡을 하셨을까요? 그것은 주께서 '이스라엘의 처참한 멸망'을 예견하셨기 때문입니다.

> 날이 이를지라 네 원수들이 토성을 쌓고 너를 둘러 사면으로 가두고 또 너와 및 그 가운데 있는 네 자식들을 땅에 메어치며 돌 하나도 돌 위에 남기지 아니하리니……(43-44절).

예수님의 이 말씀은, 예수님의 예루살렘 입성(AD 30년) 이후 약 40년 후에 일어날 로마에 의한 예루살렘 멸망을 내다본 예언이었습니다. 무장 봉기한 열심당 지도자들은 AD 68년에 예루살렘을 지배했으며, AD 70년까지 근 2년 동안 로마와의 전면전을 수행하고 있었습니다. 당시 로마군의 총사령관 티투스 장군은 군부에 의해 로마 황제로 추대된 자기 아버지 베스피아누스 장군을 돕기 위해 급히 로마로 돌아가야 할 형편이었습니다. 다급해진 티투스는 예루살렘을 철저히 파괴하여 다시는 저항할 수 없도록 가혹하게 응징하기로 결심하였습니다.

그 결과 예루살렘은 '돌 하나도 돌 위에 남지 아니하리라'는 예수님의 예언대로 철저히 파괴되었습니다. 헤롯 궁전이나 성전은 전부 불탔고 예루살렘 성벽은 오늘날의 통곡의 벽만 남고 다 무너지고 말았습니다.

예루살렘 성 안의 유대인들은 남녀노소 불문하고 거의 다 학살당했습니다. 《유대 전쟁사》(Jew's War)의 저자인 역사가 요세푸스는 이 과정을 자세히 기록하고 있습니다. 정말 로마 군인들은 예루살렘의 유아들을 땅바닥에 메어쳐서 죽였습니다. 그래서 수많은 여인들이 미쳐서 죽어 갔습니다. 요세푸스는 유대 전쟁 기간 동안 죽은 유대인의 숫자가 약 백만 명이라고 하였습니다. 당시 팔레스타인 전역의 총 인구가 약 80만 명, 그리고 디아스포라 유대인이 약 2백만 명이라고 추산할 때 이 숫자는 거의 전 유대인의 몰살을 의미합니다.

이렇듯 이스라엘 민족의 처참한 멸망을 미리 내다보신 예수께서 깊은 슬픔과 애곡 속에서 예루살렘에 입성하고 계신 것입니다.

그렇다면 왜 이스라엘은 이와 같은 처참한 파국을 맞이하게 된 것일까요? AD 30년에 미리 AD 70년의 예루살렘 멸망을 내다보시는 예수님은 오늘 본문에서 그 원인을 두 가지로 설명하고 있습니다.

첫 번째 원인 '숨겨진 평화'

가까이 오사 성을 보시고 우시며 가라사대 너도 오늘날 평화에 관한 일을 알았더면 좋을 뻔하였거니와 지금 네 눈에 숨기웠도다(41-42절).

당시 예루살렘에 거주하던 유대인들과 그들의 지도자들 눈에는 예수님을 통해 임하는 하나님의 평화가 숨겨져 있었습니다. 예수님 당시 모든 유대인의 눈에는 '예수님의 평화'가 보이지 않았습니다. 왜 유대인들의 눈에는 하나님의 평화가 보이지 않았을까요? 그들은 하나님의 평화보다는 '인간의 평화', '힘에 의한 평화', '이스라엘 왕국의 평화'를 추구했기 때문입니다.

당시 예루살렘이 누리던 평화의 중심축은 소위 '로마의 평화'였습니다. 로마제국의 권력과 무력이 예루살렘을 철저히 지배함으로써 이룬 일시적 평화였습니다. 로마 총독 빌라도는 이를 상징하는 인물이었습니다.

예루살렘 평화의 또 다른 한 축은 '산헤드린의 평화'였습니다.

당시 유대인들의 정치적 대의기구이자 식민지 의회인 산헤드린은 사두개파와 바리새파로 이루어져 있었습니다. 주로 친로마파인 사두개파가 주도하고 있었고, 동시에 지방 회당의 권력을 인정하여 준다면 로마 지배를 묵인하겠다는 바리새파의 암묵적인 협조에 의해 유지되고 있었습니다. 즉, 헤롯 성전을 중심으로 한 성전 귀족인 사두개파와 회당을 중심으로 한 지방 종교 세력인 바리새파가 연대하여 로마 지배를 받아들인 평화였습니다. 다시 말해 그 당시 예루살렘의 평화란 '로마의 힘'과 '사두개파와 바리새파의 이익'이 연합한 형태, '권력과 이익 연합의 평화'였던 것입니다. 이를 상징하는 인물이 바로 대제사장 가야바와 안나스입니다.

반면, 소강상태의 예루살렘 평화를 끊임없이 깨려고 한 또 다른 종교 세력이 있었습니다. 당시의 반로마 저항세력으로 유대 민족 해방운동을 펼치고 있던 '열심당 세력'이었습니다. 처음에 이들은 예루살렘으로 입성하시는 예수님을 열렬히 환영했습니다. 열심당 저항운동의 본산지인 갈릴리에서 올라온 예수, 메시아로 소문난 예수, 그리고 베다니에서 나사로를 부활시키는 놀라운 이적을 공공연하게 행함으로써 대중의 기대를 한껏 받고 있는 이 예수가 열두 제자와 함께 예루살렘에 입성함으로써 '반로마 민중봉기의 기폭제'가 되어 주기를 간절히 소망했기 때문입니다. 그래서 그들은 "호산나! 다윗의 이름으로 오시는 이여!"라고 외치며 종려나무 가지를 들고 예수님을 정치적 메시아로 환호하였고, 스스로 군사적 복종을 맹세하는 당시의 풍습에 따라, 그분의 발 앞에 자기들의 겉옷을 깔기도 하였습니다. 이 열심당원을 가장 대표적으로 상징하는 인물은 바로 민란을 일으키려고 한 강도 바라바입니다(막 15:7).

그러나 열심당이 추구하였던 평화의 본질도 결국은 저항하는 힘, 무장봉기와 테러에 뿌리를 둔 '힘에 의한 평화'였습니다. 마치 오늘날, 오사마 빈 라덴이 추구하는 이슬람의 평화와 같은 성격이었습니다.

한마디로, 당시 예루살렘에 임하였던 예루살렘 평화의 본질은 무력과 이익, 그리고 혁명과 테러가 복합된 평화였습니다. 로마 제국주의의 지배하는 폭력, 사두개파와 바리새파 같은 지배계급의 이익과 권력, 그리고 열심당원의 저항하는 폭력이 상호 교차하는 소위 '인간의 평화'에 불과하였습니다. 예루살렘의 평화는 하나님의 평화에서 너무나 먼 것이었습니다.

하나님의 평화는 가장 근본적인 뿌리를 '사랑'에 두고 있습니다. 용서와 사랑 그리고 희생을 통해서 인간 안에 있는 모든 적대와 증오와 이기심을 소멸시킴으로써 이루어지는 평화인 것입니다.

예수님은 바로 그 하나님의 평화를 이루시려고 예루살렘으로 들어가고 계십니다. 갈보리산 십자가 위에서 이루신 예수님의 평화, 십자가의 평화는 아가페의 평화였던 것입니다. 그러나 예수의 평화를 당대의 예루살렘 사람들은 볼 수 없었습니다. 왜냐하면 그들은 오직 힘과 권력과 욕심에 눈멀어 있었기 때문입니다. 그래서 예수님은 '더 큰 힘'인 로마의 폭력에 의해 AD 70년에 처참하게 멸망당하고 만다는 사실을 내다보시면서 깊이 슬퍼하고 계신 것입니다.

두 번째 원인 '영적 무지'

이는 **권고받는 날을** 네가 알지 못함을 인함이니라 하시니라 (44절).

예수님은 예루살렘이 권고받는 날을 알지 못하는 '영적 무지' 때문에 망한다고 선언하셨습니다. 대체 이 권고받는 날, 즉 '보살핌 받는 날'(개역개정성경)이란 과연 어떤 날입니까? 표준새번역성경은 이렇게 쉽게 설명하고 있습니다.

이것은 하나님께서 **너를 구원하러 오신 때를**, 네가 알지 못했기 때문이다(44절).

바로 예수님이 십자가에서 죽기 위해 예루살렘에 오신 그때(구원의 때, Kairos time)를 이스라엘 백성이 깨닫지 못했기 때문이라는 말씀입니다. 성육신하신 예수 그리스도를 통하여 하나님께서 예루살렘을 친히 방문하셨지만 예루살렘 거민들은 이를 알지 못했습니다. 성경을 살펴보면, '하나님의 찾아오심'은 언제나 하나님의 언약의 성취로서, 그 결과는 항상 '구원'이요 '해방'이었습니다. 출애굽기 2장 24절을 보면 "하나님이……그의 언약을 기억하사 하나님이 이스라엘 자손을 **돌보셨고**……"(개역개정성경)라고 하였는데, 그 '돌보심'의 결과는 모세가 광야에서 하나님의 부르심을 받고 애굽으로 돌아와 일으킨 '출애굽의 역사'입니다. 이처럼 성경에서 하나님의 돌아보심의 결과는 언제나 구원 역사의 성취, 이스라엘의 구원과 해방이었습니다.

예수님이 예루살렘에 친히 방문하신 그 구속사적 의미를 알지 못한 예루살렘과 이스라엘 백성들은 바로 그 무지로 인해 멸망당한다고 예언하신 것입니다. 즉, 이스라엘은 하나님의 평화와, 그 핵심인 예수 그리스도께서 예루살렘에서 이루실 구원인 '십자가의 복음의 비밀'을 알지 못하므로 멸망당한다는 것입니다. 영적 무지가 예루살렘 멸망의 원인인 것입니다.

> 너희가 예루살렘이 군대들에게 에워싸이는 것을 보거든 그 멸망이 가까운 줄을 알라……이날들은 기록된 모든 것을 이루는 형벌의 날이니라 그날에는……이 백성에게 진노가 있겠음이로다 저희가 칼날에 죽임을 당하며……예루살렘은 이방인의 때가 차기까지 이방인들에게 밟히리라(눅 21:20-24).

왜 예루살렘은 멸망당했습니까? 복음을 몰랐기 때문입니다. 예수께서 이 땅에 오신 이유를 몰랐기 때문입니다. 캄캄한 영적 무지 속에서 오히려 예수 그리스도를 십자가에 못박아 죽이는 데에 함께 참여하였기 때문입니다. 평소에 서로 으르렁 대던 빌라도, 사두개파, 바리새파, 열심당원까지 함께 연합하여 예수 그리스도를 십자가에 못박았습니다.

특히 열심당원들은 그들을 실망시킨 '초라한 예수'보다는 바라바를 최종 선택하였습니다. 그들의 민족주의적 열망을 채워 주리라고 기대했던 예수에 대한 정치적 기대가 무너지자 그 실망은 바로 바라바를 택하는 것으로 귀결된 것입니다. 그래서 유대민족주의라는 이데올로기에 선동된 유대 민중은 예수를 죽이는 데 이렇듯 쉽게 합류하고 말았습니다. 이러한 예루살렘에 대해 하나님의 징벌, 하나님의 무서운 진노가 임하는 것은 너무도 당연한 것입니다.

북한의 핵 문제

우리는 평양을 예루살렘처럼 바라보고, 이스라엘을 우리 민족처럼 여기면서 이 말씀을 적용해야 합니다. 특히 북한의 최근 상황에 대하여 한 가지 심각히 우려해야 하는 것이 바로 '북의 핵 개발 문제'입니다. 우리 그리스도인들은 다음의 세 가지 이유에서 북한 핵이 폐기되기를 간절히 기도해야 합니다.

첫째, 그리스도인들은 보복용이든 방어용이든, 어떤 핵무기도 반대해야 합니다. 왜냐하면 핵은 사용하는 주체나 피해자 모두를 공멸시키는 무서운 결과를 낳기 때문입니다. 칼빈의 '정의로운 정당 전쟁론'의 선결 조건을 하나도 채울 수 없는 사악한 무기가 바로 '핵'이기 때문입니다. 따라서 북한 정권이 미국의 핵에 대하여 정당한 자위수단으로 개발한다고 주장하는 핵무기는 크리스천의 평화주의라는 입장에서 결코 인정할 수 없습니다. 오늘날 대부분의 기독교 신학자들과 윤리학자들도 핵무기에 대해서만은 한결같이 무조건 핵 폐기를 천명하는 '핵 평화주의'를 지지하고 있습니다. 한때 기독교 현실주의자의 입장에서 방어적 핵무기 사용을 인정해야 한다고 주장했던 미국의 기독교 사회윤리학자 라인홀드 니버도 후반기에는 핵 평화주의로 입장을 바꾸었습니다.

둘째, 북 핵에 대한 두 가지 환상을 버려야 합니다. 서강대 이근욱 교수는 최근의 논문에서 한국인이 북 핵에 대해서 두 가지 환상을 갖고 있다고 지적했습니다. 한 가지는 '북한이 한국에 대해서 핵무기를 사용하지 않을 것'이라는 환상입니다. 다른 한 가지는 '북한이 붕괴되면 북한 핵은 남한 것이 될 것'이라는 환상입니다.

독일은 통독 후에 '핵 확산 금지 조약'을 준수하고 재래식 병력 감축을 주변 강대국에게 약속해야만 했습니다. 우리의 상황도 마찬가지입니다. 설사 북한이 붕괴된다고 하더라도 북 핵은 결코 통일 한국의 것이 되지 못합니다. 오히려 현재 북한의 핵 보유는 동북아 핵 혼돈 상황을 이루어 동북아 핵무기 경쟁을 가져오는 더 큰 위험을 초래하게 됩니다. 또 북한 정권이 핵을 제대로 관리하지 못하거나 의도하지 않은 폭발이 일어날 경우, 한민족은 공멸하게 되고 마는 것입니다. 그러므로 우리는 북한 핵에 대한 순진하도고 낭만적인 환상에서 벗어나야 합니다.

셋째, 핵을 매개로한 평화는 예루살렘이 추구했던 AD 70년의 민족 멸망을 자초하는 소위 '힘에 의한 평화'로서 오히려 그로 인해 민족 공멸의 위험이 있다는 것을 분명히 알아야 합니다. 따라서 '2007년 나라와 민족을 위한 기도 기간'에 우리는 먼저 북한의 2·13합의에 의한 핵의 완전하고 신속한 폐기가 속히 이루어지기를 기도해야 합니다. 그리고 한반도가 비핵 평화지대가 되기를 기도해야 하며, 하나님의 평화가 한민족 재통합 과정에서 이루어지기를 간절히 기도해야 합니다. 그뿐 아니라 하나님의 '돌아보심', '민족복음화 사역'에 한국 교회는 다시 한 번 전력해야 합니다. 그래서 '하나님의 평화를 일구는 복음'을 이 민족과 21세기 동북아 사회에 전파하는 사명을 이루어야 합니다.

'통일 한국'은 '평화 한국'을 이루는 과정이며, 그것은 동북아 평화로, 그리고 한걸음 나아가서 세계 평화에 기여하는 평화의 복음을 전파하는 '선교 한국'이라는 열매로 이어져야 합니다. 이를 위해 오늘 우리는 예수님처럼 웁시다. 애통하는 심정으로 한반도 평화와 민족 복음화를 위해 기도합시다!

통일,
"두려움 넘어야 길이 열린다"

일러두기

이 글은 2007년 1월 18일 산본 산울교회에서 진행했던 좌담 내용을 토대로 작성한 〈뉴스앤조이〉 2007년 2월 1일 기사를 저작자와 협의하여 실은 것입니다.
좌담 참석자_ 이문식(산울교회 담임목사), 김경미(평화네트워크 사무국장), 구교형(평화누리 사무처장).

구교형 : 통일은 운동하는 사람들의 관심거리이기는 하지만, 일반인에게는 멀게 느껴진다. 그만큼 통일운동이 소수의 전문가나 정치인, 활동가 중심으로 진행되었다는 이야기다. 일반인들도 공감할 수 있는 현실적이고 구체적인 통일 논의를 할 때가 되었다. 지금은 통일시대다.

이문식 : 통일은 정치·경제적 차원에서 어느 순간 닥치는 게 아니라 민족 회복의 긴 과정이다. 1퍼센트라도 진전된다면 그때가 통일시대다. 〈남북의 창〉이라도 한 번 더 보고, 북한 용어 하나 더 알고, 북 사람들은 어떻게 사는지 신경 쓰는 것이 통일운동이다. 이런 일이 바탕이 되어 지리·정치적인 통일이 와야 온전한 통일이다. 그렇지 않고 급작스럽게 오는

통일은 서로의 다름만 확인하고 환멸을 느끼다가 결국 헤어
지는 비극을 맞는다. 남북정상회담이 다시 열릴지 말지에 촉
각을 곤두세우기보다는 일상에서 꾸준히 통일 지향적인 삶을
사는 게 중요하다. 학생은 북한 학생이 무엇을 배우는지, 엔
지니어는 북한의 기술 수준이 어느 정도인지, 떡집 하는 사
람은 북한은 요즘 무슨 떡을 먹는지 궁금해하고 알아보는 것
이다. 이게 통일시대를 사는 자세다.

김경미 : 한국 사람에게 통일이라는 단어는 어릴 때부터 듣는 익
숙한 용어다. '우리의 소원은 통일' 모르는 사람 있나. 그렇
지만 왜 통일해야 하는지 묻는 게 현실이다. 시민들은 통일
논의에 대해 피로감을 느낀다. 소수의 사람들이 통일 논의를
주도했기 때문이다. 새터민 친구들을 만나면서 키가 무척 작
은 것을 보고 그 이유가 궁금했다. 또 금강산에서 만난 안내
원과 말이 잘 통했을 때 참 신선했다. 강원도 사투리를 쓰는
친구들인데 왜 그동안 떨어져 살았는지 억울한 생각마저 들
었다. 이렇게 궁금해하고 서로를 느끼는 게 통일운동이구나
싶었다.

이문식 : 젊은 세대는 왜 통일해야 하느냐고 묻는다. 이것을 반
통일적인 정서로 보지 말아야 한다. 그렇게 묻는 게 당연하
다. 정치인·경제인에게는 통일해서 이익이 오면 통일운동하
려고 몸부림치지만, 일반인은 통일이 피부에 와 닿지 않는

다. 이런 것을 자연스럽게 봐야 한다. 집착하듯 통일을 외치지 말고 북한도 중국이나 일본 오가듯 서로 다니는 교류의 문화를 만들어 가자. 그렇게 삶으로 문화로 통일하면 나중에 정치적 통일은 자연스럽게 다가오고, 다음 세대도 거부감을 갖지 않는다. 그러니 제발 젊은 세대들에게 통일하면 북한 사람들 2천만 명을 우리가 먹여 살려야 한다는 식으로 말하지 말자.

강요하지 말고 자연스럽게

구교형 : 평화와 공존만 가능하다면 굳이 통일할 필요가 있느냐는 견해도 있다.

이문식 : 문화적으로 통일하다가 그렇게 두 체제로 있는 게 불편하면 경제·정치적으로 합치면 된다. 어느 한쪽이 망하거나 세력을 키워서 잡아먹는 식으로 생각하지 말자. 그게 통일에 대한 편집증적 태도다. 독일의 교훈을 기억해야 한다. 서독이 통일할 마음이 없다는 반통일 선언을 하자 동독이 마음을 열었다. 그게 순리다. 느긋하게 하자.

김경미 : 유럽 통합 과정을 보거나 동아시아 지역 공동체에 대한 논의를 보면 필요에 의해서 자연스럽게 진행된다는 것을 알

수 있다. 유럽은 이제 하나의 대통령을 세우자는 논의까지 하고 있다. 필요를 느끼고, 그렇게 가는 게 편하기 때문이다. 남과 북이 적대적인 요소를 해결하고 사람들이 서로에게 더 많은 필요를 느낄 때 유럽이 통합하는 과정과는 차원이 다른 구심력이 생길 것이다. 그때 정치 통합은 자연스럽게 이뤄진다. 통일지상주의가 통일을 막는다.

구교형 : 예전에는 통일은 당연한 과제였는데 이제는 통일에 문제를 제기한다. 이러한 물음이 가능하다는 사실이 통일시대라는 방증이다.

이문식 : 과거에 통일은 성역이었다. 지금 청년들은 어떤 통일이냐를 묻는다. 그런 통일은 싫다고 말한다. 이런 젊은이들을 보고 옛 세대가 한탄한다. 그렇지만 내가 보기엔 그렇게 묻는 젊은이들이 더 건강해 보인다. 통일은 삶의 동질성이 많아지면서 자연스럽게 오는 것이다. 억지로 하려고 말아야 한다.

꿈쟁이들이 필요한 때

구교형 : 통일이 자연스럽게 다가와야 한다는 말은 좋은 바람이다. 그렇지만 한반도 상황이 오랜 시간에 걸쳐 점진적으로

바뀌는 것을 허락할까. 만일의 급변 사태를 대비해서 한반도 내부에서는 북의 붕괴나 체제 변동에 대해 늘 준비해야 한다. 주변 강대국들도 우리가 그렇게 원하는 가장 좋은 방법으로 통합하는 걸 내버려 둘까. 국제 정치의 현실 안으로 들어가면 두 분이 말한 통일이 올 가능성은 희박하다.

김경미 : 남북이 친밀해지는 것을 두렵게 느끼는 국가들이 있을 것이다. 이런 현실을 또 하나의 사실로 받아들여야 한다. 그렇지만 우리는 한반도의 분단 비용은 우리뿐 아니라 주변국도 많이 치러야 한다는 점을 이야기해야 한다. 미국에게도 군사력 등을 앞세운 하드 파워로 동북아의 평화를 유지하는 것보다 소프트 파워로 평화를 실현하는 게 미국의 패권 유지에도 도움이 된다고 설득할 필요가 있다. 주변 사정이 좋아지면 남북의 평화를 외치다가 상황이 안 좋으면 태도를 바꾸는 일은 그만둬야 한다. 우리가 할 수 있는 게 없다는 소극적인 태도는 버려야 한다.

이문식 : 부시 정권은 하드 파워로 세계를 지배하려 했다. 그리고 우리의 역량은 미국과 북한을 설득하기에는 부족했다. 한반도에서 패권주의적인 정책이 심화될 때 우리에게는 활동 공간이 없었다. 그러나 지금은 미국의 패권 전략이 정점에 올랐다가 꺾이고 있다. 북한과 미국은 타협할 것이다. 양측이 전쟁이나 급격한 변화를 원치 않기 때문에, 북 핵 문제의

뇌관만 제거하는 수준에서 협상할 것이다. 이때 우리는 북한이 아시아태평양경제협력체(AFEC) 등에 회원국으로 들어와 활발한 정치·문화적인 교류를 할 수 있도록 길을 열어 주어야 한다. 그렇게 하면 동북아시아도 유럽처럼 집단적인 평화 체제를 어느 정도 갖출 수 있을 것이다. 물론 이 과정은 구 목사가 염려하듯 긴 시간이 걸린 것이다. 북한이 군사적인 공격을 받거나 붕괴하는 일이 발생할지 모른다. 그러나 한반도의 주변 환경이 전반적으로 조정되면 달라질 것이다. 한반도와 동북아에 하드 파워의 시대는 가고 소프트 파워 시대가 도래하는 게 거대한 역사의 흐름이다.

구교형 : 이야기가 나온 김에 주변 상황 이야기를 좀더 하자. 주변 강국들도 통일 한국이라는 체제에 대해 자기들에게 유리한 모습으로, 최소한 손해는 보지 않도록 견제할 것이다. 이런 틈바구니에서 통일 한국의 모습은 어떠해야 할까.

이문식 : 노무현 정권이 초기에 동북아 중심 국가라는 비전을 제시했다가 중간에 그 비전을 선진화로 바꾸었다. 굉장히 잘못한 일이다. 동북아 중추 국가(중심 국가라는 표현보다 중추 국가라고 쓰는 게 더 낫다)라는 비전을 그대로 밀고 나가야 했다. 통일 한국은 비핵화, 중립화를 선언해야 한다. 한반도를 미국이나 일본, 중국, 러시아가 독점하지 못하고 공격하지도 못하게 해야 한다. 이런 국가의 비전을 제시하는 꿈쟁이들이

필요한 때다. 탈냉전, 탈이데올로기 시대에 맞게 움직이고, 외국의 자원도 마음대로 들어오도록 하고, FTA도 여러 나라와 맺어, 한반도가 동북아의 허브가 되도록 해야 한다.

두려움을 치유하는 과정, 통일

구교형 : 통일시대를 역행하는 장벽이 존재한다. 그것이 오해에서 비롯되었든 욕심이 낳은 결과든. 통일시대의 장애 요인은 무엇이라고 보는가. 그리고 어떻게 극복할 수 있을까.

이문식 : 가인이 아벨을 죽이고 두려움을 고백했다. 그러한 두려움이 우리 시대를 옥죄고 있다. 빨갱이라는 존재 자체를 두려워한다. 우리에게는 남쪽에서 올라가서 죽이고 북에서 내려와 죽인 경험이 있다. 전쟁이 중단되어 반세기가 넘은 지금노 남쪽에서는 빨갱이들이 언젠가는 우리를 죽일 것이라고 생각해 빨갱이의 존재 자체를 두려워하는 이들이 많다. 그들에게는 빨갱이의 존재 자체가 공포다. 국가보안법은 이러한 두려움 때문에 나왔다. 우리가 상황에 휩쓸려 북한을 대하는 것은 두려움 때문이다. 앞 세대들이 빨갱이들에 분노하고 신경질적인 반응을 보이는 것은 이해한다. 한국기독교총연합회의 최근 행보를 보면 얼마나 큰 두려움에 사로잡혀 있는지 알 수 있다. 그러나 이들을 성토할 것이 아니라 이들의 두려

움과 공포를 치유할 수 있는 공동체가 되어야 통일시대를 열
수 있다.

김경미 : 젊은 세대에게도 통일시대를 열지 못하게 막는 것은 두
려움이다. 통일을 이야기할 때마다 나오는 통일 비용과 남한
사람들이 분담해야 할 고통은 젊은이들을 통일에서 멀어지게
한다. 내가 잘못한 것도 아닌데 왜 내가 고통 받아야 하는가
싶다. 그래서 통일해야 한다는 의무감만 들고, 통일을 안 좋
은 무엇으로 생각한다.

정치·경제적 통일 이전에 문화·통일을

구교형 : 하나님 나라는 이미 도래했지만 아직 완성되지 않은 긴
장이 있다. 통일시대도 마찬가지 아닐까. 이미 끝났다고만
봐서도 곤란하고, 아직은 아니라고 보는 것도 시대에 역행하
는 태도다. 미국의 전략과 국익을 동일시하고 전시작전통제
권 환수를 반대하는 것은 이미 도래한 통일시대를 읽지 못하
기 때문이 아닐까. 또 '아직'의 차원을 이해하지 못해 맥아더
장군의 동상을 무너뜨려야 속이 시원하고 국가보안법을 당장
철폐하지 않으면 안 된다고 보는 이들도 있다. 그런 점에서
'이미'와 '아직'의 긴장을 잘 이해하는 교회의 역할이 중요한
시기다. 물론 역사에서 실수도 많이 범했지만 민족 교회의

역할이 크다.

이문식 : 복음주의 교회 전통 안에는 손양원 목사와 같이 증오와
두려움을 극복하고 평화를 만드는 영성이 존재했다. 그런데
한기총 같은 곳은 이러한 영성을 잃어버렸다. 주기철 목사와
같은 저항적 민족주의 영성도 있다. 당시 일본 제국주의에
정면 도전한 것은 하나님에 대한 초월 신앙이 바탕에 깔렸기
때문이다. 주기철 목사가 보여 준 저항적 민족주의를 우리는
문화적 민족주의로 발전 계승해야 한다. 우리의 정체성이 맥
도널드를 무너뜨린다고 세워지지 않는다. 우리의 식의주 문
화와 언어에 담긴 공동체성을 계발하고, 이것을 다른 나라
사람들과 자유롭게 나눌 수 있는 지혜가 필요하다. 폐쇄적
민족주의로는 살아남을 수 없다.

김경미 : 최근 젊은 친구들에게 분단 현실과 통일에 대한 소망을
품게 만든 것은 영화였다. 〈공동경비구역 JSA〉, 〈웰컴 투 동
막골〉, 〈북경의 남쪽〉, 〈송환〉 등등. 젊은 사람들은 그런 영
화를 보고 통일을 꿈꾼다. 평화네트워크에서 함께 일하는 친
구도 일류대를 나와 은행에 취직해 세상이 부러워하는 인생
의 코스를 밟았다가, 영화를 보고 평화운동을 하겠다고 뛰어
들었다. 그만큼 문화의 힘이 크다. 한류도 우리에게는 좋은
조건이다. 그 나라의 문화를 짓밟는 할리우드식 한류가 아니
라 주고받는 한류를 이뤄 낸다면, 아시아인들에게 한반도의

분단에 관심을 갖게 하는 좋은 도구가 될 것이다.

이문식 : 제3세계의 영화를 보면 그 나라 사람들만이 겪은 고난
과 아픔을 통해 세계인들에게도 감동을 불러일으킨다. 우리
역시 지난 100년간 민족 해방을 위해 수많은 피를 흘렸다.
그 질곡의 역사 가운데 절망하고 사랑이 꽃피우기를 반복했
다. 이러한 우리의 삶을 상투적이지 않게 세계인들이 공감할
수 있도록 전달하는 게 과제다. 우리는 여전히 저항적 민족
주의에서 벗어나지 못해 안타깝다. 노무현 정권도, 운동권도
아직은 그 수준이다. 세대교체가 빨리 이뤄져야 가능하지 않
을까.

구교형 : 욕하면서 배운다고, 우리 시대의 진보와 보수는 모두
경직되어 있다. 아직도 조건반사적인 시대지만, 상상력을 발
휘하는 세력이 미래를 연다.

이문식 : 창의력이 있으면 경직되게 대응하지 않는다. 북한도 마
찬가지다. 핵이나 군사력에서 통일시대의 헤게모니가 나오는
게 아니다. 창의력, 휴머니티, 평화에서 통일의 헤게모니가
나와야 한다.

평화 구조를 만드는 게 중요

구교형 : 올해 우리에게 닥친 현실에 적용해서 논의해 보자. 올
해는 대선이 있다. 사지선다형 문제에서 답 하나를 고르는
수준을 넘어서지 못하는 게 우리의 문제다. 우리는 항상 5년
안에 끝장 낼 것처럼 대선을 치렀다. 어떤 후보를 지지하느
냐를 넘어, 통일시대에 적합한 차기 정부의 성격을 이야기해
보자.

김경미 : 한나라당 후보가 대통령이 되면 남북 관계가 끝날 것
같은 생각에 반수구 연합 후보를 세우자고 한다. 불행한 선
거 전략이다. 어떤 정부가 들어서든 통일 이정표가 달라지지
않는 구조를 만드는 게 중요하다. 통일 문제만은 초당적 입
장에서 일관성을 유지해야 한다. 국민들이 원하는 통일의 길
을 후보들에게 적극적으로 제시해서 공약으로 채택하도록 해
야 한다.

이문식 : 누가 대통령이 되어도 기본 상식의 선을 지키게 만드는
과정을 거치면, 정당에 따라 특색은 있겠지만 어느 당이 정
권을 잡아도 나라는 안 망한다. 무엇이든 좌우를 왔다갔다
한다. 중심이 이 정도는 되어야 한다는 합의가 중요하다. 온
국민이 지향할 통일의 방향을 설문으로 작성하고 강령으로
만들어 후보들에게 계약을 맺게 해야 한다. 정권이 어느 쪽

으로 가든지 국민이 승리하는 정치를 하자. 어느 쪽이 낫다
고 여길지 모르지만, 누가 되어도 평균은 하게 하는 게 '국
민이 승리하는 정치'다.

통일을 넘어 평화를 위해

구교형 : 한국 교회의 통일 준비 이야기를 해 보자. 에큐메니컬
　　진영은 오래전에 통일운동을 시작했고, 80년 이후엔 선도했
　　다. 90년대 이후 에큐메니컬 진영에 영향 받고 또 라이벌 의
　　식을 느낀 복음주의 진영이 뒤따랐다. 한국 교회가 통일과
　　남북 관계에 풍성하고 다양하게 기여했다. 하지만 내용을 들
　　여다보면 의구심이 든다. 하나님 나라 측면에서는 아직도 미
　　흡할 뿐 아니라 오리무중을 헤매는 게 한국 교회 현실이다.
　　어떻게 변화시킬 수 있을까.

김경미 : 기독교 밖에서 한국 교회에 대한 이미지는 반통일적이
　　고 반북적이다. 교회가 궁휼함을 갖고 북을 많이 도와주는
　　데, 이것과 화해에는 거리가 있다. 한국 교회의 모습이 그대
　　로 한국 사회의 모습이다. 한국 교회가 통일에 기여하면서도
　　통전적인 인식을 갖지 못해 역사와 민족 앞에 사죄해야 하는
　　일이 생기지 않을까 불안하다. 교회가 북한 사회에 대한 선
　　입견을 걷고 제대로 이해하고, 어떻게 도와야 하는지 면밀히

분석하는 노력이 필요하다. 깃발을 꽂기 위해 통일하겠다고 하면, 교회는 차라리 나서지 마라는 소리를 들을 것이다.

이문식 : 북에 대한 인도주의적인 지원은 정부가, 경제적인 지원은 재벌이 하면서 국민 역량이 많이 없어졌다. 통일 파트너가 국민이 아니라 정부와 재벌이었다. 푼돈 가지고 북에 간 NGO들은 가치를 인정받지 못했다. 물론 물꼬를 틀 때는 큰돈이 필요하다. 그렇지만 정부가 직접 나설 것이 아니라 민간단체를 많이 활용했어야 했다. 인도적인 지원을 정치적으로 이용하지 말아야 한다. 그리고 전쟁 일보 직전에도 멈춰선 안 된다. 전략적 차원이 아니라 영성적 차원에서 도움을 주어야 한다. 한쪽만 일방적으로 지원하면 받는 쪽은 소외감을 느낀다. 지원도 중요하지만 교류가 필요한 이유다. 금강산 많이 가고, 개성이 열리면 교회들이 우르르 떼로 몰려가야 한다. 자꾸 교류하다 보면 평화라는 화두가 나온다. 지원운동은 한계가 있다. 평화운동으로 가야 한다. 그래야 통일 이후에도 평화운동할 사람이 나온다.

김경미 : 통일지상주의를 조심해야 한다. 핵 실험을 했을 때 보수 진영은 바로 성명서 내고 집회했다. 진보 진영은 그렇게 하지 않았다. 진보 진영 내에서 평화운동을 하는 쪽은 어떤 경우에도 북 핵은 인정할 수 없다는 입장이었다. 그렇지만 미국의 핵을 비난하면서도 북 핵을 용인하려는 쪽도 있었다.

그래서 진보 진영이 갈라져 대응이 늦었다.

이문식 : 북 핵을 인정하면 대만과 일본의 핵도 인정해야 한다. 남한에도 전술핵이 들어오는 것을 받아들여야 한다. 죽음의 문화로 깊이 들어가는 것이다. 지켜야 할 선이 있다. 진보 진영이 한반도 비핵화에 대해 선지자적 소리를 안 내는 것을 돌아봐야 한다.

일상에서 구체적인 실천으로

구교형 : 현실적 진단을 넘어서 근저에 숨어 있는 경향과 영성을 파악했다. 어떻게 하나님 나라를 고백하는 이들이 통일의 물꼬를 틀 것인지 논의했다. 100년 동안이나 고난을 몸으로 겪었는데도 우리는 왜 이렇게 평화신학, 통일신학이 약할까. 영성이 천박해 작은 사건에도 부화뇌동해 죽일 듯이 덤빈다. 어떻게 바꿀 수 있을까. 이웃들과 우리가 통일을 위해 할 일은 뭐가 있을까.

김경미 : 통일을 준비하는 마음으로 한국에 와 있는 새터민을 돕는 것이다. 젊은 친구들이라면 학교에 적응하기 어려워하는 또래를 위해 과외를 하는 것도 좋다. 북한 친구들을 도울 수 있는 5천 원짜리 구좌 하나를 개설하는 것은 어떨까. 물질이

있는 곳에 마음이 간다고 작은 실천이 중요하다. 통일운동은 지금 조금 더 고민하는 것이다. 신문 보고 그냥 흡수하는 게 아니라 이 상황에서 한 번 더 생각하는 것이다. 궁금해하는 마음을 갖는 게 우선이다. 그 다음에 대북 지원 단체에 참여하는 것이다.

이문식 : 돈 한 푼이라도 내고, 자투리 시간이라도 내서 만나야 한다. 한 번이라도 더 북한 가 보는 게 낫다. 하나님이 통일을 선물로 준다면, 담을 그릇은 개혁이고, 정의이고, 평화이다. 목사는 개혁적으로 목회하고 주부는 건강한 소비를 하는 것이다. 생활에서 통일운동을 해야 한다.

구교형 : 통일 때문에 고민도 하고 갈등도 해 보자. 불편한 경험도 미리 맛보자. 더 좋은 대안을 만들어 보는 방법밖에는 없다. 통일 비용 계산해서 내가 희생할 수 있는 몫도 따져 보자. 80년대 북한 바로알기운동은 북한에 이런 면도 있다는 것을 알리는 일이었다. 남한 바로알기운동도 일어나야 한다. 이 땅에 살고 있지만 우리는 대한민국 체제를 모른다. 창의력과 상상력을 가지고 대안적인 생활양식을 만들어 가자. 발상의 전환만으로는 충분하지 않다. 뚝심을 가지고 밀고 나가는 힘이 있어야 한다.

통일을 넘어 평화로

글쓴이 이문식
펴낸이 이재철
만든이 정애주

편집 이현주 한미영 한수경 김혜수 최강미 김기민 신지은
미술 권진숙 서재은 조은애 문정인
제작 홍순흥 윤태웅
미디어 백경호 한지환
영업 오민택 이재원 이진영
쿰회원관리 국효숙 김경아
관리 이남진 박승기 백창석 안기현
총무 정희자 김은오

펴낸날 2007. 7. 13. 초판 1쇄 인쇄
　　　　2007. 7. 20. 초판 1쇄 발행

펴낸곳 주식회사 홍성사

　　1977. 8. 1. 등록 / 제 1-499호
　　121-883 서울시 마포구 합정동 196-1
　　TEL. 02)333-5161 FAX. 02)333-5165
　　http://www.hsbooks.com E-mail: hsbooks@hsbooks.com

　ⓒ 이문식, 2007

ISBN 978-89-365-0756-5
값 6,800원　　※잘못된 책은 바꿔 드립니다.